# 深化财税体制改革

主　编 ◉ 楼继伟
副主编 ◉ 张少春 王保安

人民出版社

总　策　划:李春生
策　　划:郑海燕　陈　登　张　燕
封面设计:林芝玉
责任校对:周　昕

**图书在版编目(CIP)数据**

深化财税体制改革/楼继伟 主编. –北京:人民出版社,2015.3
ISBN 978－7－01－014585－3

Ⅰ.①深…　Ⅱ.①楼…　Ⅲ.①财税-经济体制改革-研究-中国
　Ⅳ.①F812

中国版本图书馆 CIP 数据核字(2015)第 043980 号

深化财税体制改革
SHENHUA CAISHUI TIZHI GAIGE

主　编　楼继伟
副主编　张少春　王保安

**人民出版社** 出版发行
(100706　北京市东城区隆福寺街 99 号)

人民教育出版社印刷厂印刷　新华书店经销

2015 年 3 月第 1 版　2015 年 3 月北京第 1 次印刷
开本:710 毫米×1000 毫米 1/16　印张:15.5
字数:158 千字　印数:00,001-20,000 册

ISBN 978－7－01－014585－3　定价:40.00 元

邮购地址 100706　北京市东城区隆福寺街 99 号
人民东方图书销售中心　电话 (010)65250042　65289539

# 序　言*

最近，中央政治局会议审议通过《深化财税体制改革总体方案》（以下简称《方案》）。这是党的十八届三中全会召开后，中央较早制定的具有重要意义的一个改革方案。《方案》明确了深化财税体制改革的思路原则、主要任务和时间安排，充分体现了中央对财税改革和财政工作的高度重视和殷切期望，是当前和今后一个时期财税改革和财政制度建设的行动指针。我们要认真学习、准确把握、扎实推进，打好全面深化财税体制改革这场"硬仗"。

## 一、深化财税体制改革是关系国家治理现代化的深刻变革

财政是国家治理的基础和重要支柱，财税体制在治国安邦中始终发挥着基础性、制度性、保障性作用。北宋政治家、文学家苏辙论证，"财者，为国之命而万世之本。国之所以存亡，事之所以成败，常必由之"。财政制度安排体现并承载着政府与市

---

* 本文以《深化财税体制改革　建立现代财政制度》为标题，原载于《求是》2014 年第 20 期。

1

场、政府与社会、中央与地方等方面的基本关系，在国家治理体系中处于基础位置，深刻影响着经济、政治、文化、社会、生态文明、国防等领域。古今中外的实践表明，人类国家史上的每一次重大变革，无不渗透着深刻的财政原因。我国的商鞅变法、唐代"两税法"、明代"一条鞭法"、清代"摊丁入亩"等改革，基本上都是围绕财税问题展开的。17 世纪英国"光荣革命"确立的税收法定原则，为英国在工业革命中的崛起奠定了基础。19 世纪末 20 世纪初美国预算制度变革开启了"进步时代"的大幕，推动美国步入世界强国之列。

党中央、国务院历来高度重视财税体制改革和财政制度建设。新中国成立后，我们在建立适应社会主义国家发展要求的财政制度方面进行了艰苦探索。改革开放以来，财税体制改革成为体制改革的突破口和先行军，财税体制大体上经历了从统收统支到包干制，再到分税制三个阶段。特别是 1994 年实施的税收制度和分税制改革，是我国财政史上的一个重要里程碑。分税制财政体制的建立及随后的调整、完善和稳健运行，为建立现代财政制度奠定了良好的基础，对推动建立社会主义市场经济体制、充分发挥中央和地方积极性、促进经济社会发展、全面扩大对外开放、提高人民生活水平、维护社会和谐稳定发挥了重要作用，有效带动和支撑了农村、国有企业、金融、投资、价格、外贸等领域改革。但是，随着经济社会发展和国内外形势变化，现行财税体制存在的问题日益显现：预算管理制度不规范、不透明，不适应国家治理现代化要求；税收制度不健全、不完善，不利于发展方式转变、社会公平和市场统一；中央和地方事权与支出责任划分不清晰、不合理，不利于建立健全财力与事权相匹配的财政体制。这不仅影响财政自身的稳定性和可持续性，而且影响国家发展战略、宏观政策效果，以及国家治理体系和治理能力现代化进程，迫切需要进行整体性、适应性的改革。

党的十八届三中全会明确提出要深化财税体制改革、建立现代财政制度。这是全面总结古今中外历史经验、深刻把握国家治理与执政规律、着眼我国现代化建设全局作出的重大决策。《方案》的形成和通过，是我们党指导财政制度建设和财政改革发展的最新理论成果，是今后一个时期财政改革发展和财政工作的行动纲领。如果说 1994 年财税改革的目的是建立"与社会主义市场经济体制相适应"的体制框架，那么，新一轮财税体制改革就是要建立"与国家治理体系和治理能力现代化相适应"的制度基础。只有财税体制改革取得根本性突破，才能为实现国家治理现代化和"两个一百年"奋斗目标提供物质基础和制度保障。从这个意义上讲，新一轮财税体制改革决不是体制机制的修修补补，更不是扬汤止沸，而是一场关系我国现代化事业和国家治理现代化的深刻变革，是完善社会主义市场经济体制、加快转变政府职能的迫切需要，是转变经济发展方式、促进经济社会持续稳定健康发展的必然要求，是建立健全现代国家治理体系、实现国家长治久安的重要保障。

## 二、建立现代财政制度是对现行财税体制的继承与重构

《方案》明确提出，深化财税体制改革的目标任务是，按照完善和发展中国特色社会主义制度、推进国家治理体系和治理能力现代化的全面深化改革总目标，坚持稳中求进、改革创新，充分发挥中央和地方两个积极性，以改进预算管理、完善税收制度、明确事权和支出责任为重点，建立统一完整、法制规范、公开透明、运行高效，有利于优化资源配置、维护市场统一、促进社会公平、实现国家长治久安的可持续的现代财政制度，为实现"两个一百年"奋斗目标提供财税制度保障。现代财政制度是国家治理现代化的重要基础，深化财税体制改革、建立现代财政制度，既是对现行财税体制和制度的继承与创新，又是适应国家治理现代化新形势，对财税体制等基础制度的系统性重构。总体上讲，现代财政制度在体系上应建立全面规范、公开透明的预算制度，公平统一、调节有力的税收制度，中央和地方事权与支出责任相适应的制度；在功能上要坚持公共财政的定位，体现市场在资源配置中起决定作用和更好发挥政府作用的要求，不"越位"、不"缺位"，发挥财政制度稳定经济、提供公共服务、调节分配、保护环境、维护国家安全等方面的职能；在机制上应符合国家治理体系与治理能力现代化的新要求，形成公开透明、权责对等、有效制衡、运行高效、可问责、可持续的制度安排。重点围绕以下改革任务展开：

建立全面规范、公开透明的现代预算制度。这是国家治理体

系和治理能力现代化的基础和重要标志，是强化预算约束、规范政府行为、实施有效监督，把权力关进制度笼子的重大改革举措。一是建立透明预算制度。除涉密信息外，所有使用财政资金的部门都要公开本部门预决算，尤其是财政资金安排的"三公"经费都要公开；进一步细化政府预决算公开内容、扩大部门预决算公开的范围和内容。二是完善政府预算体系。结合修订有关法律规定，清理规范重点支出与年度财政收支增幅或生产总值挂钩事项，一般不采取挂钩方式；政府收支要全部纳入预算，明确"四本"预算的收支范围和功能定位，加大相互之间的统筹力度。三是改进年度预算控制方式。预算审查的重点由平衡状态、赤字规模向支出预算和政策拓展；建立跨年度预算平衡机制；实行中期财政规划管理，并强化三年滚动财政规划对年度预算的约束。四是完善转移支付制度。完善一般性转移支付稳定增长机制，逐步提高一般性转移支付所占比重；对专项转移支付进行清理、整合、规范，逐步取消竞争性领域专项和地方资金配套，同时严格控制新增项目和资金规模；建立专项转移支付定期评估和退出机制。五是加强预算执行管理。硬化预算约束，预算未安排事项一律不得支出；全面落实国库集中收付制度，借鉴国际经验，推进国库现金管理。六是规范地方政府债务管理。依法建立以政府债券为主体的地方政府举债融资机制；对地方政府债务实行限额控制，分类纳入预算管理，并严格限定举债程序和资金用途；建立权责发生制的政府综合财务报告制度，完善地方政府考核问责机制和信用评级制度。七是清理规范税收优惠政策。除专

5

门的税收法律、法规外，起草其他法律、法规、发展规划和区域政策都不得规定税收优惠政策；未经国务院批准，不能对企业规定财政优惠政策；严肃财经纪律，严格财政资金分配使用的监督问责，严厉查处违法违规行为。

建立健全有利于科学发展、社会公平、市场统一的税收制度体系。税收制度是现代财政制度的重要组成部分。新一轮税制改革总的方向是，优化税制结构、完善税收功能、稳定宏观税负、推进依法治税，充分发挥税收筹集财政收入、调节分配、促进结构优化的职能作用。一是推进增值税改革。扩大营改增实施范围，"十二五"完成营改增目标；适时优化税率，实行彻底的消费型增值税制度并完成增值税立法。二是完善消费税制度。调整消费税征收范围，优化税率结构，改革征收环节和收入分享办法，增强消费引导与调节功能。三是加快资源税改革。抓紧在全国范围内实施煤炭资源税从价计征，全面推进资源税从价计征改革，相应清理取消涉及的行政事业性收费和政府性基金；逐步将资源税扩展到水流、森林、草原、滩涂等自然生态空间。四是建立环境保护税制度。按照重在调控、清费立税、循序渐进、合理负担、便利征管的原则，将现行排污收费改为环境保护税，新设二氧化碳税目，进一步发挥税收对生态环境保护的促进作用。五是加快房地产税立法并适时推进改革。总的方向是，在保障基本居住需求的基础上，对城乡个人住房和工商业房地产统筹考虑税收与收费等因素，合理设置建设、交易、保有环节税负，促进房地产市场健康发展，使房地产税逐步成为地方财政持续稳定的收入来源。房地产税改革要加强调研，立法先行，适时推进。六是逐步建立综合与分类相结合的个人所得税制。合并部分税目作为综合所得，适时增加专项扣除项目，合理确定综合所得适用税率；尽快推广个人非现金结算、建立第三方涉税信息报告制度等。此外，抓紧修订《税收征管法》，促进依法治税，同时也为个人所得税和房地产税改革创造条件。

调整中央和地方政府间财政关系，建立事权和支出责任相适应的制度。在保持中央和地方收入格局大体稳定的前提下，进一步理顺中央和地方收入划分，合理划分政府间事权与支出责任，促进权力与责任、办事与花钱相统一，全面提升国家治理效率。一是进一步理顺中央和地方收入划分。遵循公平、便利、效率等原则，考虑税种属性和功能，将收入波动较大、具有较强再分配作用、税基分布不均衡、税基流动性较大的税种划为中央税，或中央分成比例多一些；将地方掌握信息比较充分、对本地资源配置影响较大、税基相对稳定的税种，划为地方税，或地方分成比例多一些。收入划分调整后，地方形成的财力缺口由中央财政通过税收返还方式解决。二是合理划分各级政府间事权与支出责任。要适度加强中央事权和直接支出比重，将国防、外交、国家安全、关系全国统一市场规则和管理的事项集中到中央，减少委托事务，提高全国公共服务水平和效率；将区域性公共服务明确为地方事权；明确中央与地方共同事权。在明晰事权的基础上，进一步明确中央和地方的支出责任，中央可运用转移支付机制将部分事权的支出责任委托地方承担。

## 三、深化财税体制改革是一场牵一发动全身的"硬仗"

《方案》明确,2016年基本完成深化财税体制改革重点工作和任务,2020年基本建立现代财政制度。财税体制改革事关经济社会发展全局,涉及方方面面的权益调整,情况复杂、矛盾交织,而且时间紧、任务重。必须统一思想、凝聚共识、精心组织、周密部署、攻坚克难,确保改革顺利推进。

切实把思想和行动统一到中央改革决策部署上来。我们要认真学习宣传贯彻中央关于深化财税体制改革总体方案,深刻认识新一轮财税体制改革的重大意义和部署要求,凝聚全社会支持改革的共识和力量。深化财税改革必须坚持党的领导,发挥各级党委政府的领导核心作用。要切实增强大局意识,牢固树立全国一盘棋思想,突破部门和地区利益的藩篱,不打"小算盘",以高度的政治责任感和历史使命感,全面贯彻中央改革决策部署,科学把握稳增长、调结构与促改革的关系。各级财政部门要在党委、政府的统一领导下,既勇于担当,不畏难、不缺位,又审时度势,不抢跑、不越位,扎实做好每一环节的改革工作,确保中央改革决策部署的顺利有序实施。

坚持问题导向研究各项具体改革政策措施。习近平总书记强调:"改革要坚持从具体问题抓起,着力提高改革的针对性和时效性,着眼于解决发展中存在的突出矛盾和问题。"深化财税体制改革要敢于正视问题、化解矛盾,坚持用科学的方法研究和解决问题。尤其是在推进预算公开、清理专项资金、规范税收优惠政策等问题上，要有敢于触及矛盾、解决问题的责任担当。牢固树立实践第一的观点，在深入人民群众、深入基层一线中破解财政改革发展中的难题，以解决问题为己任，集聚推动财政事业发展的正能量。

坚持顶层设计与摸着石头过河相结合。深化财税体制改革必须把顶层设计与摸着石头过河结合起来。改革总体方案是顶层设计，但有了顶层设计不等于可以马上操作，还要深入研究每一项改革任务的具体方案、路径、举措、步骤。在改革过程中，要坚持摸着石头过河的方法，对那些有共识但尚不具备全面推开条件的改革，以及涉及面广、利益关系复杂、意见分歧较大的改革事项，应试点先行，从典型经验中丰富改革理论，完善改革实践。以制度创新为核心任务，以可复制、可推广为基本要求，不能借改革之机要照顾、争优惠，打造新的"政策洼地"。

坚持整体推进与重点突破相结合。深化财税体制改革是一项复杂的系统工程，在实施过程中，要注意处理好政府与市场的关系，发挥中央与地方两个积极性，兼顾效率与公平，统筹当前与长远。一方面要明确改革逻辑顺序、主攻方向、工作机制、推进方式，增强改革的整体性、系统性、协调性，对于财税体制改革中一些矛盾集中、情况复杂的"硬骨头"，要坚决冲破传统观念的束缚，以壮士断腕的精神，尽快在重要领域和关键环节取得改革新进展。另一方面，要注重改革的统筹性，使财税改革与其他方面改革相互衔接、形成合力，以握指成拳、集中发力的方式，将一项项任务落实到位。

改革蓝图绘就，奋进号角劲吹。我们要更加紧密地团结在以习近平同志为总书记的党中央周围，高举中国特色社会主义伟大旗帜，以邓小平理论、"三个代表"重要思想、科学发展观为指导，坚决贯彻中央深化财税体制改革决策部署，坚定信心、锐意进取、真抓实干，建立完善的现代财政制度，为全面建成小康社会、实现中华民族伟大复兴的中国梦作出新的更大贡献。

**楼继伟**

# 目　录
CONTENTS

# 绪　论

　　财政是国家治理的基础和重要支柱，科学的财税体制是优化资源配置、维护市场统一、促进社会公平、实现国家长治久安的制度保障。新中国成立六十多年来，财税体制始终在我国国家治理中发挥着极为重要的作用，并随着经济社会发展和国家治理要求的变化，不断探索调整，大体上经历了从"统收统支"到"包干制"，再到"分税制"三个阶段，有力地促进了新民主主义革命、社会主义改造、社会主义建设和改革开放等各个时期的经济社会发展，保障了国家的统一和稳定。

　　中国共产党第十四次全国代表大会确立了社会主义市场经济改革方向，推动了"分税制"财税体制改革。从1994年"分税制"改革正式实施至今的20年间，我国经济社会发生了根本性变化，经济保持了持续快速增长，成为世界第二大经济体，人民生活水平大幅提高，进入中等收入国家行列，国际地位和影响力空前增强，在国际政治、经济、安全、环境等领域具有举足轻重的作用。实践证明，"分税制"财税体制符合我国社会主义市场经济改革的方向和建立公共财政制度的要求，对推动建立和完善有中国特色的社会主义政治经济制度、充分发挥中央和地方两个积极性、促进经济社会发展、全面扩大对外开放、提高人民生活水平、维护社会和谐稳定发挥了重要作用。

随着我国综合国力的快速增强，国际国内形势正在发生深刻变化，面临前所未有的发展机遇和前所未有的风险挑战，尤其是发展不平衡、不协调、不可持续问题依然突出，有些还相当尖锐，这些发展中出现的问题和挑战，在机制上都与财税体制改革不到位、不适应直接相关。同时，财税体制自身存在的问题和不足也日益显现，特别是在转方式调结构、形成统一市场、促进社会公平、保护生态环境等方面的作用亟待完善和提升，需要继续发挥财政在国家治理中的基础和支柱性作用，按照党的十八届三中全会确定的全面深化改革的要求，进一步对现行财税体制进行全面、系统、整体性改革，建立和完善有利于转变经济发展方式、有利于建立公平统一市场、有利于推进基本公共服务均等化的现代财政制度。唯其如此，财税体制才能继续支撑我国经济社会可持续发展，顺利跨越"中等收入陷阱"，为实现"两个一百年"奋斗目标提供制度保障。正是在这种意义上，习近平总书记在党的十八届三中全会上明确指出，"这次全面深化改革，财税体制改革是重点之一"。

历史是一条连续的长河，回顾新中国成立以来财政改革的历史沿革，能够使我们更加清楚新一轮财税改革出发的基础和前进的方向。本书在回顾我国财税体制演进历程的基础上，分析了深化财税体制改革的重要性和紧迫性，阐述了改革的总体要求和基本思路，介绍了各项财税改革的主要内容。希望通过本书的出版，能为深化财税体制改革凝聚更多共识，为全面深化改革注入更强大的社会动力，为全面建成小康社会、实现中华民族伟大复兴的中国梦尽一份财政人的责任。

# 第一章　我国财税体制演进历程

新中国成立以来，财税体制作为国家治理的基础和重要支柱，随着经济社会发展和政府职能转变，历经多次调整，大体上经历了从"统收统支"高度集中的财税体制，到"分灶吃饭"的包干制，再到"分税制"的沿革历程。

## 第一节　新中国成立以来到 1994 年的中国财税体制演变

1978 年以前，我国实行高度集中的计划经济体制，与之相适应，财税体制以集权为最主要特征。中央集中大部分财权财力，地方对中央的依赖程度较高。

### 一、新中国财税体制的奠基

1949 年 10 月 1 日中华人民共和国成立，财政事业掀开了新的篇章。这一时期财政工作的重点是组建管理机构、统一财经制度、建立财税体系,圆满地完成了国民经济恢复时期的艰巨任务和历史使命。

（一）组建财经管理机构

1949年3月,中共中央召开七届二中全会,决定建立中央财政经济委员会,同年5月,中央在《关于建立中央财政经济机构大纲（草案）》中正式提出成立中央财政经济委员会及下属机构,以及建立大区、省、大中城市财经委员会。7月,由中央财政经济部与华北财政经济委员会合并成立中央财政经济委员会。新中国成立后,1949年10月21日,该委员会名称正式确定为中央人民政府政务院财政经济委员会,统一领导全国财政经济工作,设财政部、贸易部、重工业部、中国人民银行、海关总署等单位。

（二）统一全国财经制度

1950年3月,政务院通过《关于统一国家财政经济工作的决定》,随后又陆续出台多项具体规定,提出实施办法,主要是统一全国编制和待遇、财政收支管理、物资调度和现金管理。全国财政的统一,使国家集中掌握了主要的财政收入、资金和重要物资,迅速改变了新中国成立时资金与物资管理上的混乱局面,避免了国家财力物力的分散浪费,实现了集中管理和使用。

（三）实行统收统支的财政体制

统一全国财经工作以后,开始实行统收统支、高度集中的财政管理体制。主要内容,一是把财政管理权集中在中央。一切财政收支项目、收支程序、税收制度、供给标准、行政人员编制等，均由中央统一制定。二是把财力也集中在中央。在收入方面，除地方税收和其他零星收入抵充地方财政支出外，其他各项收入均属中央财政收入，一律解缴中央金库；在支出方面，各级政府的财政支出，均由中央统一审核，逐级拨付，地方组织的财政收入同地方财政支出不发生直接联系。三是除地方附加外的各项财政收支全部纳入统一的国家预算。

（四）编制国家财政概算

1949年9月，《中国人民政治协商会议共同纲领》规定"建立国家预决算制度，划分中央和地方的财政范围，逐步平衡财政收支，积累国家生产资金"。12月，中央人民政府政务院财政经济委员会批准了财政部《关于一九五零年度全国财政收支概算草案编成的报告》。1950年12月，政务院颁布了《关于预决算制度、预算审核、投资的施工计划和货币管理的决定》，要求实行预算审核制度和决算制度。1951年7月，政务院发布实施《预算决算暂行条例》，这是新中国成立以来的第一个预算方面的正式法规，新中国预算制度初步建立起来。

（五）制定新中国税收法规

1950年1月，政务院发布《关于统一全国税政的决定》，并附发《全国税政实施要则》《全国各级税务机关暂行组织规程》《工商业税暂行条例》和《货物税暂行条例》。1950年9月，中央公布实施《新解放区农业税暂行条例》，牧区省份陆续制定了牧业税收征收办法。经过改革，初步形成了以货物税、营业税、

6

所得税为主，在生产、销售、所得、财产等环节进行课征的统一的、多税种、多环节征收的复合税制。

## 二、计划经济时期高度集中的财税体制

从 1953 年起，我国开始了大规模经济建设的第一个五年计划，伴随着计划经济体制而实行的是高度集中的财税体制。到改革开放前夕，虽然经过多次微调，但财税体制总体上具有明显的集中特征。

### （一）"一五"时期建立分级管理财政体制框架

"一五"时期，国家在集中财力进行重点建设的同时，也对财税体制进行了探索和微调，促进了社会主义工业化和社会主义改造的实现。

1951 年 3 月，政务院颁布《关于 1951 年度财政收支系统划分的决定》，一是实行分级管理，将国家财政分为中央级、大行政区级和省（市）级三级财政。二是划分收支范围，按照企业、事业和行政单位的隶属关系和业务性质，划分中央财政收支和地方财政收支的范围，同时确定中央与地方的收入解缴比例。三是中央每年核定一次地方财政收支额，地方财政支出首先用地方财政收入抵补，不足部分用地方比例留解收入抵补，地方的财政结余分别列为各级财政收入，并编入本年预算，抵充支出。此后，1953 年取消大区一级财政，同时设立县（市）财政，全国划分为中央、省（市）和县（市）三级财政。1954 年对预算管理体制进行系统调整，1957 年进一步下放财权。

"一五"时期的财税体制，初步确立了分级财政管理体制框架，使地方有固定的收入来源和一定的机动财力，在保证中央政府财力的基础上，适当兼顾地方利益，调动了地方积极性，经济发展和人民生活水平提高速度较快。

（二）1958—1977 年财税体制频繁调整

从 1958 年开始的"大跃进"导致国民经济比例关系严重失调，财税体制改革也出现失误。随着"大跃进"运动在全国展开，为了适应经济形势的需要，财政指标被抬高到惊人的程度，同时也对财政管理体制作出多方面调整，出现了财权分散、资金使用分散、财经纪律松懈等问题。

针对这一严峻局势，从 1961 年开始中央决定对国民经济实行"调整、巩固、充实、提高"的八字方针，财税体制也相应进行了调整。一是恢复大区一级财政。1960 年 9 月，中央决定重建 6 个中央局，分别代表中央加强对各省、直辖市、自治区党委的领导，各大区重建中央局以后，大区财政也随之恢复。二是改进税收管理体制。税权向中央集中，涉及工商统一税税目增减和税率调整，以及盐税税额调整的，须经中央批准。三是加强企业财务管理。降低企业利润留成比例，留成资金必须绝大部分用于技术措施费、新产品试制费、劳动保护费、零星固定资产购置费等四项费用。四是恢复并强化财政监察工作。1962 年国家提出派设中央企业财政驻厂员，进一步加强对中央国营企业的财务监管。

实行上述各项改革措施后，中央直接调控的财力资源增加，有效保证了财政资金集中用于充实和发展国民经济薄弱环节，促进了各项调整措施的顺利落实，较快扭转了国民经济困难局面。但"文化大革命"开始后，国民经济体系整体逐步恶化，财政和财税体制也遭到严重破坏。

（三）高度集中财税体制的历史评价

总体上看，从新中国成立到1978年以前，高度集中的计划经济体制决定了我国实行高度集中的财税体制。从收入看，以低价收购农副产品和低工资为基础，国有企业利润、折旧基本全额上缴，国有和集体经济税收收入居于次要地位，国家财政收入"超常"积累，财政收入占国内生产总值的比重在相当长时间内保持在30%以上。从支出看，基本是"大而宽"的支出格局，体现了"全能政府"的特征，财政职能横向涵盖了包括政府、企业、家庭在内的几乎所有部门，纵向延伸到各类具体财务核算之中，财政成为社会投资的主体，建立了"高就业、低工资"的社会分配格局。从管理体制看，中央、地方都按统一要求编制财政收支计划，税收管理权主要集中在中央，地方权限较小，国有企业利润全额上缴，亏损由国家补贴、投资由国家拨付、福利按工资比例计提。

高度集中的财税体制为社会主义革命和建设初期的发展作出了巨大贡献。正是凭借高度集中的体制，我国在短时间内建立了社会主义政治经济制度，建立了比较完备的国民经济体系。但弊端也日益显现：一是中央高度集中抑制了地方、部门和企事业单位的积极性、创造性。二是长期重积累轻消费，城乡居民收入水平较低，人民生活水平提高较慢。三是财税体制不够规范，地方收支指标、分成比例等重要财税指标基本上一年一变。四是缺乏公共性，农村居民享有的公共服务较少。

## 三、改革开放后财政的"包干制"

党的十一届三中全会认真总结历史经验，提出以扩大地方和企业财权为起点，对经济体制逐步进行全面改革，财政体制作为改革突破口先行一步。根据这一精神，财税体制进行了重大变革，逐步打破统收统支的财政体制。

### （一）1980年"分灶吃饭"财政体制改革

从1980年起，国家下放财权，实行"划分收支、分级包干"的"分灶吃饭"体制。收入实行分类分成，包括中央固定收入、地方固定收入、固定比例分成收入和调剂收入。支出范围按企事业单位的隶属关系划分，地方预算支出首先用地方的固定收入和固定比例分成收入抵补，有结余的上缴中央，不足的从调剂收入中解决，并确定相应的调剂分成比例。收入不足以平衡地方预算支出的，由中央按差额给予定额补助。中央与地方对收入的各项分成比例或补助定额确定后，原则上五年不变，地方在划定的收支范围内可以多收多支、少收少支、自求平衡。

分级包干财政管理体制打破了计划经济时期高度集中财政体制的僵化局面，调动了地方和企业的积极性，为经济体制改革打开了突破口，具有十分重要的意义。但"分灶吃饭"财政体制也逐渐暴露出了一些深层问题，如统收的局面已被打破，而统支的局面却没有完全打破，地方支出有时仍然依赖中央，中央财政收入逐年下降，国家重点建设资金缺乏保障。

（二）1985年"分级包干"财政体制改革

为进一步简政放权，调动企业积极性并解决"分灶吃饭"体制暴露出来的问题，1983—1984年，对国家和企业的分配关系进行了改革，企业实行两步"利改税"，税收成为国家财政收入的主要形式。在此基础上，中央决定从1985年起实行"划分税种、核定收支、分级包干"的财政管理体制，按税种将收入分为中央固定收入、地方固定收入、中央和地方共享收入；按隶属关系划分中央财政支出和地方财政支出，对不宜实行包干的专项支出，由中央专项拨款安排；按基数核定的地方预算收支，凡是固定收入大于支出的，定额上解中央，固定收入小于支出的，从中央和地方共享收入中确定一个分成比例留给地方，地方固定收入和中央地方共享收入全留地方后仍不足以抵补支出的，由中央定额补助；收入分配办法一定五年不变，地方多收多支、少收少支、自求平衡。为了适应经济体制改革中各方面变化因素较多的情况，1985—1986年，除了中央财政固定收入不参与分成外，把地方财政固定收入和中央地方共享收入加在一起，确定分成比例，实行总额分成，同地方财政支出挂钩。从1988年开始，在全国又实行不同形式的财政包干，主要有收入递增、总额分成等六种包干办法。

（三）"包干制"财政体制的历史评价

1980—1993年间，财政体制变动比较频繁，形式多样，但实质都是包干体制。包干体制打破了中央高度集中的僵化体制，更多地释放了地方和企业的积极性，有力地支持了其他领域改革，财政管理体制由集权型向分权型转变。但与此同时，由于多种体制并存以及中央与地方"一对一"谈判机制和条块分割的行政隶属关系控制，财政体制的规范性、透明度和可持续性不足，国家财政收入占国内生产总值的比重下滑，中央财政收入占全国财政收入的比重明显偏低，政府行政能力和中央政府调控能力下降，导致中央财政落入要向地方"借款"的窘境。

## 四、改革开放后国家税收制度改革

1978—1992 年间，随着各项经济体制改革的不断深入，经济社会环境发生了深刻变化，税收制度也进行了相应改革。

（一）流转税改革

引进和试行增值税，解决原来工商税制存在的重复征税弊端。分为两个阶段进行，第一阶段从开始考虑引进增值税到 1984 年工商税制全面改革前，初步建立了新的流转税体系；第二阶段从 1984 年 10 月以后，进一步改革流转税内部结构，逐步完善流转税征收制度。

（二）所得税改革

一是征收国营企业所得税。对盈利的国营大中型企业征收所得税和调节税，开展税利分流试点。二是完善集体企业所得税制度。从 1985 年开始实施新的集体企业所得税制度，降低了税收负担，集体企业与国营小型企业的税负基本持平。三是开征城乡个体工商业户所得税。中央允许各地比照八级超额累进税率，自行确定个体工商业户所得税征收办法。四是开征私营企业所得税。

（三）建立涉外税收制度

为适应对外开放要求，1978—1992 年，经过十多年的努力，所得税、流转税、财产税从税法到细则不断健全完善，初步建立起一套比较完整的涉外税收制度。同时，通过对税法的适当修改完善，进一步放宽了对外资的优惠政策，有效推动了吸引外资、引进技术、扩大对外经济交流与合作。

经过上述流转税、所得税，以及涉外税收制度改革，我国初步建成了一套内外有别、以流转税和所得税为主体、其他税种相配合的新的税制体系。税制改革突破了一直以来封闭型税制的体制框架，转向开放型税制；突破了统收统支的财力分配关系，重新确立和规范了国家与企业的分配边界；突破了以往税制改革片面强调简化税制的思维惯性，注重多环节、多层次、多方面地发挥税收的经济杠杆作用，由单一税制转变为复合税制。


# 第二节 1994 年分税制财税体制改革

1992 年 10 月召开的中国共产党第十四次全国代表大会，确立了建立社会主义市场经济体制的改革总目标，并提出了实施合理划分中央和地方职权基础上的"分税制"改革要求。按此要求，在借鉴成熟市场经济国家经验并充分考虑国情的基础上，我国于1994年进行了分税制财政体制改革和税制改革。分税制财政体制改革突破了"放权、让利"的传统改革思路，向构建市场经济条件下的财政运行机制迈出了关键一步，在中国财政史上具有里程碑意义。分税制财政体制的建立及其后的调整完善和稳健运行，为建立现代财政制度奠定了基础。

## 一、建立分税制财政体制

从1994年1月1日起，全国各省、自治区、直辖市以及计划单列市开始实行分税制。按照"存量不动、增量调整，逐步提高中央的宏观调控能力，建立合理的财政分配机制"的原则，在原包干体制确定的地方上解和中央补助基本不变、认可地方既得利益的前提下，结合税制改革，对财政收入增量分配制度进行了重大调整。主要包括：

一是按照中央政府和地方政府各自的事权，划分各级财政的支出范围。中央主要承担国家安全、外交和中央国家机关运转所需经费，调整国民经济结构、协调地区发展、实施宏观调控所必需的支出，以及由中央直接管理的事业发展支出。地方主要承担本地区政权机关运转所需支出以及本地区经济、事业发展所需支出。中央财政支出范围主要有14个方面，地方财政支出范围主要有13个方面（参见表1-1）。

表 1-1　1994 年中央与地方支出范围划分

| 中央财政支出 | 地方财政支出 |
| --- | --- |
| 1. 国防费 | 1. 地方行政管理费 |
| 2. 武警经费 | 2. 公检法支出 |
| 3. 外交和援外支出 | 3. 部分武警经费 |
| 4. 中央级行政管理费 | 4. 民兵事业费 |
| 5. 中央统管的基本建设投资 | 5. 地方统筹的基本建设投资 |
| 6. 中央直属企业技改和新产品试制费 | 6. 地方企业技改和新产品试制费 |
| 7. 地质勘探费 | 7. 支农支出 |
| 8. 由中央财政安排的支农支出 | 8. 城市维护建设支出 |
| 9. 国内外债务的还本付息支出 | 9. 地方文化支出 |
| 10. 中央本级负担的公检法支出 | 10. 地方教育支出 |
| 11. 中央本级负担的文化支出 | 11. 地方卫生支出 |
| 12. 中央本级负担的教育支出 | 12. 价格补贴支出 |
| 13. 中央本级负担的卫生支出 | 13. 其他支出 |
| 14. 中央本级负担的科学支出 | |

二是根据财权事权相统一的原则，合理划分中央和地方收入。将维护国家权益、实施宏观调控所必需的税种划为中央税，将与地方经济社会发展关系密切、适宜地方征管的税种划为地方税，将涉及经济发展全局的主要税种划为中央与地方共享税。在1994 年的税种划分中，中央固定收入有关税、消费税、中央企业所得税、地方银行和外资银行及非银行金融企业所得税、中央企业上缴的利润等 8 个部分，中央与地方共享收入有增值税、资源税和证券交易税等 3 个部分，地方固定收入有 18 个部分（参见表 1-2）。

三是在认可既得利益的前提下，分省确定税收返还数额。中央财政对地方税收返还数额以 1993 年为基期，按照当年地方实际收入以及税制改革和中央地方收入划分情况，核定当年中央从

15

表 1-2  1994 年中央与地方收入划分

| 中央固定收入 | 地方固定收入 | 中央与地方共享收入 |
|---|---|---|
| 1. 关税<br>2. 海关代征的消费税和增值税<br>3. 消费税<br>4. 中央企业所得税<br>5. 地方银行和外资银行及非银行金融企业所得税<br>6. 铁道部门、各银行总行、各保险总公司等集中缴纳的营业税、所得税、利润和城市维护建设税<br>7. 中央企业上缴的利润<br>8. 外贸企业的出口退税 | 1. 营业税（不含铁道部门、各银行总行、各保险公司集中缴纳的营业税）<br>2. 地方企业所得税（不含地方银行和外资银行及非银行金融企业的所得税）<br>3. 地方企业上缴利润<br>4. 个人所得税<br>5. 城镇土地使用税<br>6. 固定资产投资方向调节税<br>7. 城市维护建设税（不含铁道部门、各银行总行、各保险总公司集中缴纳的部分）<br>8. 房产税<br>9. 车船使用税<br>10. 印花税<br>11. 屠宰税<br>12. 农牧业税<br>13. 农业特产税<br>14. 耕地占用税<br>15. 契税<br>16. 遗产和赠与税<br>17. 土地增值税<br>18. 国有土地有偿使用收入 | 1. 增值税<br>中央分享 75%<br>地方分享 25%<br>2. 资源税<br>海洋石油资源税归中央，其他资源税归地方<br>3. 证券交易税<br>中央分享 50%<br>地方分享 50% |

地方净上划的收入数额，并以此作为中央对地方税收返还基数，保证地方既得财力。

四是妥善处理原体制中央补助、地方上解以及有关结算事项。采取原体制分配格局暂时不变，经过一段时间的过渡后再逐步规范的办法，减少推行分税制改革的阻力。

五是实施过渡期转移支付。在深入研究并借鉴国际经验的基础上，引入旨在均衡地区间财力差异的过渡期转移支付制度。不减少地方既得利益，中央财政从收入增量中拿出一部分资金，考虑各地的收入努力程度，体现对民族地区的适度倾斜，逐步调整地区利益分配格局，重点缓解地方财政运行中的突出矛盾。

六是采取配套改革措施。根据建立现代企业制度的要求，改革国有企业利润分配制度，合理调整和规范国家与企业的利润分配关系。同时，与分税办法相配套，分别建立中央和地方两套税务机构。

## 二、税收制度的全面改革

"分税制"要求按照事权与财权相结合的原则，按税种划分中央与地方的收入，原有税种设置和征收体制无法做到这一点。因此，在实行"分税制"财政体制改革的同时，进行了税收制度的全面改革。按照"统一税法、公平税负、简化税制、合理分权"的原则规范税制，建立起符合市场经济要求的税收制度，理顺分配关系，促进平等竞争。内容有如下几个方面。

### （一）建立以增值税为主体的流转税制度

在保持总体税负不变的情况下，在生产企业普遍征收增值税，并实现价外计税的办法，部分产品开征消费税，对提供劳务、转让无形资产和销售不动产保留征收营业税，重新规定了营业税的征收范围和纳税人，合理调整了营业税的税目。改革后的流转税制度，形成了以增值税为主体，消费税和营业税为补充，以公平、中性、透明和普遍征税为特征的现代流转税体系。按照从总体上"不挤不让"的原则，将一般增值税率设定为价值增值的 17%，另设一个 13% 的优惠税率。

（二）统一企业所得税制度

取消传统按所有制形式设置所得税的做法，对国有企业、集体企业、私营企业以及股份制和各种形式的联营企业，实行统一的企业所得税制度，统一按 33% 的名义税率计征。同时，取消国有企业调节税，取消国有企业所得税前归还贷款的规定，取消国有企业上缴国家能源交通重点建设基金和国家预算调节基金的规定。

（三）简并个人所得税

将过去的个人收入调节税，适用于外籍人员的个人所得税和城乡个体工商户所得税简并，建立统一的个人所得税。新的个人所得税法适用于有纳税义务的中国公民和从中国境内取得收入的外籍人员。个人所得税税率采取超额累进制。

（四）开征农业特产税

将原来的农林特产农业税和原工商统一税中的农林牧水产品税目合并，改为农业特产税，将烟叶、牲畜产品列入农业特产税的征收范围，解决了部分产品交叉征税的问题。改革后，烟叶产品、园艺产品、水产品、林木产品、牲畜产品、食用菌、贵重食品等 7 个税目的税率为 8%—31% 不等，其他产品的税率为 5%—20% 不等。

（五）其他税收制度的改革和调整

主要是开征土地增值税、改革资源税、改革城市维护建设税，征收证券交易税，将特别消费税和燃油特别税并入消费税，盐税并入资源税等。此外，划分国家税务局和地方税务局，加强税收的征收管理。组建国家税务局和地方税务局两套税收征管体系，中央专享税和中央与地方共享税由国家税务局征收，地方专享税由地方税务局征收。在加强税收稽征管理的同时，清理和整顿各级政府的收费、摊派项目和"预算外收入"，将保留的部分纳入法定的预算收入管理。

## 三、分税制体制的调整完善

1994年以后，随着经济社会发展与改革的不断深化，在保持分税制财政体制框架的前提下，根据形势发展变化，又对财政体制和税收制度进行了调整和完善。

（一）中央与地方关系的调整完善

1. 调整政府间收入划分。一是调整证券交易印花税中央与地方分享比例，分步将原中央和地方各50%的比例，调整到中央97%和地方3%。二是调整金融保险营业税收入划分，先适当提高金融保险营业税税率并将增收部分归中央，后为支持金融保险业改革，又将税率分三年降至改革前水平，中央分享部分也随之取消。三是实施所得税收入分享和成品油价格税费改革。2002年对企业所得税和个人所得税收入实行中央与地方按统一比例分享，2008年又制定实施总分机构企业所得税地区间分配办法。2009年实施成品油价格和税费改革，提高汽柴油等成品油消费税并同时取消公路养路费等"六费"。四是改革出口退税负担机制。2004年，按照"新账不欠，老账要还，完善机制，共同负担，推动改革，促进发展"的原则，适当降低部分产品出口退税率，建立由中央和地方共同负担出口退税的新机制，2005年进一步降低地方负担比例。

2. 调整政府间支出责任划分。1994年以后，中央财政逐步承担更多的支出责任，不仅强化了中央政府的宏观调控作用，而且缓解了地方尤其是中西部财政困难地区基层政府的支出压力。如为推动农村税费改革，自2006年起全面取消农业税和农林特产税，针对改革后地方政府收入相应减少的状况，中央财政通过转移支付对地方给予适当补助，保障了农村税费改革的顺利实施。配合开展医药卫生体制改革，财政对医药卫生事业发展的补助方式从补供方为主向供需兼顾、需方为主的模式转变，并将支出责任重心上移。

3. 完善转移支付制度。1995年开始实施过渡期转移支付后，随着经济社会形势的发展变化不断调整完善。2002年实施所得税收入分享改革，建立了转移支付资金稳定增长机制，过渡期转移支付同时改称为一般性转移支付。2003年以后进一步调整和完善转移支付结构，加快财政转移支付制度建设，简化和规范转移支付制度。2009年起，将中央对地方的转移支付简化为一般性转移支付和专项转移支付。近几年，根据宏观形势发展变化，增加了转移支付总额，调整了民族地区转移支付政策，出台了重点生态功能区转移支付政策，实施义务教育经费保障机制改革转移支付，设立资源枯竭城市转移支付，实施事业单位绩效工资转移支付等。2013年，中央对地方税收返还和转移支付达到

48019.9亿元。其中：税收返还5046.7亿元，占比为10.5%；一般性转移支付24362.7亿元，占比为50.7%；专项转移支付18610.5亿元，占比为38.8%。

4. 完善省以下财政体制。省以下财政体制是分税制改革的重要内容。一是推进"省直管县"改革。各地很早就开始试点，中央于2009年明确提出要推进省直管县财政改革，省财政与市、县财政在收支划分、转移支付、资金往来、预决算、年终结算等方面直接联系，开展相关业务工作。二是推进"乡财县管"改革。以乡镇为独立核算主体，由县级财政部门直接管理并监督乡镇财政收支，实行县乡"预算共编、账户统设、集中收支、采购统办、票据统管"的财政管理方式，在坚持乡镇预算管理权、资金所有权和使用权、财务审批权不变的前提下，实施综合财政预算。

（二）税制的调整完善

1994年以后，根据经济社会的发展变化及税制运行过程中出现的新情况新问题，对税制进行了进一步调整和完善，大致可分为三个阶段。一是1994—1997年，为保证新税制的顺利推行，采取了一些过渡性措施，同时对税收政策制度进行补充调整，包括调整和完善增值税、消费税、进口税收、出口货物退（免）税制度，加快税收立法进程。二是1998—2003年，为贯彻积极财政政策，适时采取了一些有增有减的结构性调整措施，包括调整和完善营业税、所得税制度，稳步推进税费改革，严格税收管理权限，维护税收秩序。三是2004年以来，按照"简税制、宽

税基、低税率、严征管"的原则,进一步调整和完善了税制。主要包括以下内容:

1. 全面实施增值税转型改革。首先是对东北地区的装备制造业等八大行业实施增值税转型改革试点,后来扩大试点范围并在全国范围内实施增值税转型改革。此后,在上海市交通运输业和部分现代服务业开展营业税改征增值税试点并将范围扩大到全国,先后将铁路运输、邮政服务业和电信业纳入营改增试点范围。

2. 适时调整完善消费税制。包括将消费税的应税品目和税率,由原来的 11 个增至 14 个。上调大排量乘用车消费税税率,降低小排量乘用车消费税税率。提高卷烟的生产环节消费税税率。

3. 统一内外资企业所得税。将《中华人民共和国企业所得税法》及其实施条例统一适用于具有法人资格的各类企业,将原内外资企业的法定所得税率由 33% 降低至 25%。统一和规范税前扣除办法和标准,建立"产业优惠为主、区域优惠为辅"的新税收优惠体系。

4. 多次修订个人所得税法。五次修订个人所得税法,提高工薪所得减除费用标准,调整工薪所得和个体工商户生产经营所得税率结构,先后开征、减征和暂免征收储蓄存款利息所得个人所得税。

5. 成功实施成品油税费改革。2008 年通过提高成品油消费税税额的方式,替代公路养路费等"六费",逐步有序取消了政府还贷二级公路的收费。

6. 调整完善出口退税制度。包括调整部分出口商品增值税退税率，增补加工贸易禁止类商品目录，取消高耗能、高污染产品的出口退税，降低容易产生贸易摩擦的大宗出口商品的出口退税率，提高劳动密集型、科技含量及附加值较高产品的出口退税率等。

7. 开启房产税改革。2009年1月废止《城市房地产税暂行条例》，外商投资企业、外国企业和组织以及外籍个人统一适用《中华人民共和国房产税暂行条例》。上海市、重庆市自2011年起开展对个人住房征收房产税改革试点。

8. 改革完善资源税制度。将原油、天然气资源税改革由新疆扩大到全国，相应提高税负水平。统一内外资企业的油气资源税收制度。在全国范围内实施煤炭资源税从价计征改革，同时清理规范相关收费基金。

9. 积极推进其他地方税改革。包括取消农业税，调整车船税税目和减免范围，制定实施新的《中华人民共和国车船税法》。将外资企业纳入城镇土地使用税征收范围，提高耕地占用税税额标准并将外资企业纳入征收范围。统一内外资企业和内外籍个人的城市维护建设税和教育费附加制度。

（三）预算管理制度的调整完善

1994年财税体制改革启动后，预算管理制度改革也随之推开。在建立公共财政框架目标确立后，财政部门积极推进部门预算、国库集中收付、政府采购等预算管理制度改革。

1. 建立政府预算体系框架。一是全面建立新的政府收支分类体系，扩大收支分类范围，调整分类办法，全面、规范、明细地反映政府各项收入来源，以及支出总量、结构、方向和具体用途。同时进一步规范预算工作程序，探索建立预算支出绩效评价体系，建立中央预算稳定调节基金。二是全面编制中央和地方政府性基金预算，明确主要目标、工作任务和职责分工。三是建立并实施国有资本经营预算制度，建立基本制度框架，扩大实施范围，逐步将更多的国有企业纳入，收益收取比例逐步提高。四是建立完善社会保险基金预算制度。社会保险基金预算是根据国家社会保险和预算管理法律法规建立，反映各项社会保险基金收支的年度计划。自 2010 年起在全国建立社会保险基金预算制度以来，编制范围已扩大到社会保险法规定的各项社会保险基金，编制办法不断完善，执行管理不断加强。

2. 推进部门预算改革。2000 年开始实行部门预算改革试点，实行"一个部门一本预算"，即部门要将其所有的收入和支出按照统一规定的编报程序、格式、内容和时间编制成一本预算。分期分批将预算外管理的非税收入纳入预算管理并实行"收支两条线"。从 2011 年起，将中央部门预算外资金包括中央部门收取的主管部门集中收入、国有资产出租出借收入、广告收入、捐赠收入、回收资金、利息收入等全部纳入预算管理，全面取消预算外资金。同时，地方也在 2011 年 1 月以前将全部预算外收入纳入财政预算管理。

3. 实施国库集中收付制度改革。2000 年以来，逐步建立起以国库单一账户体系为基础、资金缴拨以国库集中收付为主要形式的现代财政国库管理制度。一是国库集中支付制度改革全面推进。改变传统财政资金支付管理模式，由层层转拨改为直接支付到最终收款人或用款单位，预算单位"花钱不见钱"。二是中央专项转移支付资金国库集中支付运行机制初步建立。2006年，中央财政率先对农村义务教育中央专项资金实行国库集中支付改革，截至2011年年底，农村义务教育中央专项资金、新型农村合作医疗补助资金等9项中央专项转移支付资金实行国库集中支付管理。三是非税收入收缴管理改革不断深化。建立新型收缴账户体系和信息系统，大大加快了非税收入入库速度和运转效率，有效规范了执收单位收缴行为。此外，推进财税库银电子缴库横向联网建设，深化公务卡制度改革，健全预算执行动态监控机制。

4. 实施政府采购制度改革。1998年，政府采购制度改革正式开始，2003年《中华人民共和国政府采购法》正式实施。采购规模持续扩大，2013年达到16381.1亿元，占全国财政支出比重为11.7%。基本形成了以政府采购法为统领、以部门法规为依托的政府采购法律制度框架。"管采分离、机构分设、政事分开、相互制约"的工作机制逐步得到完善，政策功能不断拓展，采购工作质量和效率不断提高。

5. 预算公开工作加快推进。对预算信息公开范围、真实性和详细程度的要求不断提高，中央财政预算公开涵盖公共财政预算、政府性基金预算和国有资本经营预算，向社会公开的财政支出决算表细化到项级科目。2014年，99个中央部门公开了本年度部门预算，99 个中央部门公开了上年度部门决算。从 2011 年开始，向社会公开中央本级"三公经费"上年支出和本年预算情况，并推动 98 个部门陆续公开了本部门本年度的"三公"经费预算情况和上年度"三公"经费决算情况。2011 年以后，各地普遍公开公共财政预算，部分省份还公开了政府性基金预算、国有资本经营预算，以及省本级部门预算。

# 第三节　分税制改革的历史成就

1994 年实施的分税制改革及其调整完善，初步形成了适应社会主义市场经济发展要求、体现国际一般经验的现代财税制度框架，它是新中国成立以来调整利益格局最为明显、影响最为深远的一次重大制度创新。分税制财政体制运行 20 年来保持相对稳定，促进政府之间财政分配关系更加规范、科学和公平，奠定了中国特色的财税制度基础，对于建立和完善社会主义市场经济体制，全面建设小康社会发挥了重要作用，在我国财税体制改革中具有里程碑式的意义。

一、增强中央宏观调控能力，为建立稳固、平衡、强大的国家财政夯实了基础

（一）有效调动了中央和地方两个积极性

分税制改变了原财政包干时多种体制并存的格局，政府间财

26

政分配关系相对规范化，建立了各级政府各司其职、各负其责、各得其利的约束机制和费用分担、利益分享的归属机制，理顺了各级政府间的责权关系，充分调动了中央和地方两个积极性。

1. 增强了中央政府宏观调控能力。分税制改革扭转了财政的"弱干强枝"格局，中央财政实力得到增强，近年来中央财政收入占全国财政收入的比重保持在50%左右。以国家财力的不断增长作后盾，再加上中央的适度集中，大大强化了中央政府的宏观调控能力。一是财政政策调控手段日趋成熟。1993年以来，根据国民经济运行态势，中央相机抉择，先后实施适度从紧、积极、稳健等财政政策，有效地保证了国民经济的持续、快速、稳定增长。二是促进区域协调发展的纵向转移支付力度逐步加大。建立并完善以转移支付为主的地区间收入再分配机制，缩小了地区间财力差距，促进了区域协调发展，体现了"先走一步、带动全局"的发展战略。

2. 调动了地方政府积极性。分税制财政体制不再按照行政隶属的"条块"关系对财政收入进行分割，而是按照税种进行划分。由于中央与地方都有自己的税源，地方发展经济、组织收入和加强税收征管的积极性被充分调动起来，地方财政收入保持持续增长态势，1994年地方财政本级收入为2311.6亿元，到2013年已经达到69011.2亿元，为1994年的近三十倍，年均递增19.6%。

3. 有效促进了产业结构调整和资源优化配置。消费税为中央税，营业税、地方企业所得税和个人所得税为地方税，增值税

27

成为共享税,制约了地方盲目发展烟、酒等高税负产业的行为,减少了重复建设。由于营业税、涉农税收成为地方固定收入中的主体税种,促进了地方发展高效农业和第三产业的积极性,推动了产业结构调整和资源配置优化。1995年我国的三次产业结构为19.8∶47.2∶33.0,2002年为13.5∶44.8∶41.7,2013年三次产业比例进一步调整为10.0∶43.9∶46.1,第三产业比重开始超过第二产业。

(二)建立了以税收为主体的财政收入稳定增长机制

实行分税制以来,初步形成了与社会主义市场经济体制基本适应的多税种、多环节、多层次调节的复合税收体系,财政筹集收入的职能作用得到有效发挥,实力不断增强,全国财政收入从1993年的4349.0亿元增加到2013年的129209.6亿元,年均增长18.5%。税收结构不断优化,随着税制改革的推进,所得税和财产税等直接税占税收收入的比重稳步提升,而以增值税、营业税、消费税等为主体的间接税占全部税收收入的比重有所降低,以流转税和所得税为主体税种的收入结构更加合理,税收增长动力也逐渐由流转税向所得税和财产行为税转移,税收增长的质量不断提高,奠定了经济社会科学发展的税制基础。

(三)建立了比较完整的政府预算管理制度体系

积极稳妥地实施部门预算、国库集中收付、政府采购制度改革,建立健全分级预算制度,全面取消预算外资金,实现所有政府性收入全部纳入预算管理,基本建立起比较完整的政府预算体系框架。同时,财政管理逐步实现由"重分配"向"分配与管理并重"转变，由重财政收入管理向同时加强财政支出管理和提高财政支出效益转变，由粗放式管理向科学化、精细化管理转变，由行政化管理向法制化管理转变，财政预算的完整性、规范性和透明度进一步提高，保障了政府职能的有效履行。

## 二、推动建立社会主义市场经济体制，促进了国民经济持续快速健康发展

1994 年的分税制财政体制改革，有力地促进了全国统一市场的形成。

### （一）促进企业成为独立的市场主体

分税制按税种划分收入，使地方财政收入与企业的对应关系与以前相比明显淡化，有利于破解"条块分割"的困局，使中央政府和地方政府开始不再按照企业行政隶属关系，而是按照税种组织财政收入。分税制改革标志着我国在经过多年的集权—放权的重复循环后，终于走过了由"行政性分权"向"经济性分权"的转折点，企业开始成为自主经营、自负盈亏的市场主体。1994 年以后财税体制的调整和完善推动了"产权明晰、责权明确、政企分开、管理科学"的现代企业制度构建的步伐。

### （二）促进各种所有制经济共同发展

市场经济强调的是平等竞争，各类企业都应该有平等发展的权利。分税制改革为企业创造了规范、宽松的财税制度环境，有利于各种所有制经济的公平有序竞争，强化了市场对资源配置的作用，促进了市场经济中不同所有制经济的共同发展。目前，我

国非公有制经济固定资产投资已经超过全国的 50%，占国民经济比重已经超过一半以上，税收贡献不断增长，出口贸易占到全国的 60%，提供了 80% 以上的城镇就业岗位和 90% 以上的新增就业岗位。

（三）促进商品和要素自由流通

商品和要素在整个大市场中能否自由流通，是衡量市场发育成熟程度的重要标志。分税制财政体制改革将消费税的全部和增值税的大部分划归中央，营业税和地方企业所得税划归地方，按税种组织收入，必然会改变地方政府热衷于发展税高利大产品的倾向，引导地方政府把更多的精力用于促进第三产业的发展和各种经济成分的发展，这有利于转变政府职能，优化产业结构，有利于地方政府改变"割据"观念，促进统一市场的形成和商品要素的自由流通。

（四）促进企业公平竞争

1994 年工商税制改革按照"统一税法，公平税负，简化税制，合理分权，理顺分配关系，建立符合社会主义市场经济要求的税收体系"的指导思想，形成了以流转税和所得税为主体，辅之以若干辅助税种的较规范、完整的复合税制体系。其中，统一内资企业所得税，初步解决了原来企业所得税制对不同经济成分之间税负不公平的问题，使国内企业真正站到一条起跑线上。对内外资企业实行统一的流转税制，改变了原产品税和工商统一税重复征税、不利于专业化分工和社会化大生产发展的弊端，也促进了企业的公平竞争。严格了政策性减免税，取消困难性、临时性减免税，以往过多过乱的随意减免税、越权减免税现象得到遏制，树立了税法的权威，使市场机制作用得以充分发挥，为企业公平竞争创造了良好的市场环境。不同所有制企业和不同市场主体的税收待遇基本一致，形成了各种市场主体平等参与市场竞争、同等受到税法保护的税收环境，为我国经济社会走向科学发展奠定了统一规范的税制基础，从制度上更好地促进了市场在资源配置中作用的发挥，这是社会主义市场经济体制完善成熟的重要标志。

### 三、调整优化财政支出结构，有力促进了社会公平正义和国家长治久安

（一）保障和改善民生力度不断加大

分税制改革的实施，为各级政府建立财力规模与支出责任相匹配的体制奠定了制度基础，从而为政府转变职能，从全能政府逐步转向服务和管理型政府创造了条件。财政支出更多地向农业、教育、医疗卫生、社会保障、环境保护等方面倾斜，逐步矫正政府的职能"缺位"，社会性支出的比重不断提高。特别是2003年以来，财政部门全面贯彻落实科学发展观，围绕"五个统筹"和社会主义和谐社会建设，不断调整优化支出结构，持续加大对经济社会发展薄弱环节的投入力度，财政支出的公共性日趋显现。2005—2013年，全国教育、就业、医疗卫生、社会保障、住房保障和文化体育等基本公共服务体系初步建立，上述各项基本公共服务的公共财政支出总额从9900多亿元增加到5

万多亿元,年均增长20%,比同期全国公共财政支出增速高5个百分点,基本公共服务体系不断完善,涉及人民群众切身利益的一些热点、难点问题相继得到了较好的解决,有力地促进了经济社会协调发展和社会主义和谐社会建设。

(二)推动基本公共服务均等化

中央财政不断增加转移支付规模,促进区域协调发展。2003年以来,各级财政部门按照中央统筹区域发展的战略部署,在认真落实促进西部大开发、振兴东北等老工业基地、中部崛起等区域财税优惠政策措施的基础上,通过体制和政策创新,努力推动实现地区间基本公共服务均等化,促进区域协调发展。逐步增加对地方转移支付规模,中央对地方转移支付由2003年的4836亿元增加到2013年的42973.18亿元,增长7.89倍,并主要用于中西部地区;在原"三奖一补"政策的基础上,财政部2010年起在全国范围内部署推进县级基本财力保障机制建设,以保障职工工资、维持正常运转和落实国家统一民生政策等基本支出为目标,引导各地对县级政府实施"托底"保障,至2012年年底,基本实现了"保工资、保运转、保民生"的政策目标。2010—2014年,中央财政累计安排县级基本财力保障机制奖补资金5528亿元,年均增长37.1%,大大地激发了地方提高县乡财政保障能力的积极性,不断增强了基层政府提供基本公共服务的能力。完善省以下财政体制,推动省以下财政管理方式创新,积极推进"省直管县"和"乡财县管",进一步规范省以下财政分配关系,提高了财政资金运转效率和财政管理工作效率,促进了县乡财政发展。

（三）为国家的长治久安打下基础

我国幅员辽阔，各地的资源禀赋、发展条件差异很大，经济发展水平参差不齐。如果不能协调发展，就会造成地区间差距越来越大，削弱国家凝聚力，诱发和激化各种社会矛盾，对国家的稳定与统一不利。分税制财政体制当时设想，中央政府收入比重占60%，支出比重占40%；地方收入比重占40%，支出比重占60%，这样就能够保障中央政府平衡地区差距的能力，为构建和谐社会奠定了坚实的财力基础，对维护国家统一，实现长治久安具有决定性作用。

新中国成立六十多年来的财税改革实践充分表明，经济社会发展须臾离不开财政体制改革。有了好的财政基础，加上正确的改革顺序，转轨国家才能完成向现代国家的转型。财税改革必须配合资源配置方式的转变，既作为国家治理机制的重要组成部分，又促进相关机制的形成与完善，经济社会才能实现长期持续健康地发展。

# 第二章 深化财税体制改革的
# 重要性和紧迫性

财政是国家治理的基础和重要支柱，科学的财税体制是优化资源配置、维护市场统一、促进社会公平、实现国家长治久安的制度保障。作为全面深化改革的重点之一，深化财税体制改革，建立现代财政制度，对于完善社会主义市场经济体制、加快转变经济发展方式、推进国家治理体系和治理能力的现代化，对于持续提升我国综合国力和国际地位、全面建成小康社会、实现中华民族伟大复兴的中国梦具有重大的现实紧迫性和深远的历史意义。

## 第一节 国际国内形势变化对财税
## 体制改革提出新要求

党的十八大报告指出，我国进入全面建成小康社会决定性阶段，世情、国情、党情发生深刻变化，面临的发展机遇和风险挑战前所未有。这是对我国发展环境和所处阶段作出的重大判断。综观国际国内大势，我国发展仍处于可以大有作为的重要战略机遇期，同时也处于增速换挡期、结构调整阵痛期、改革发展攻坚期叠加阶段，加上世界经济正处于深度调整期，发展环境十分复杂。国际国内形势的深刻变化，对深化财税改革提出了新的要求。要通过财税改革紧紧抓住新机遇，妥善应对新挑战，努力创造新优势。

## 一、外部环境发生深刻变化

国际金融危机之后，和平与发展仍然是时代主题，世界多极化、经济全球化深入发展，文化多样化、社会信息化继续推进，但世界经济政治格局受到巨大冲击，全球经济缓慢复苏和结构深度调整成为新常态，市场竞争更为激烈，保护主义升温。

（一）国际政治领域竞争博弈更加复杂

国际金融危机之后，新兴市场国家和发展中国家整体实力增强，有利于推动建立公正合理的国际政治经济新秩序，有利于我国提升国际话语权。但同时，国际社会围绕全球治理、气候变化、粮食安全、能源资源安全等斗争日益激烈，各国的经济利益与政治利益相互交织，政治交锋和经济合作的形势更加复杂。一些发展中国家对我国发展壮大持复杂心态，我国周边的战略安全环境趋于复杂，要从容应对这样严峻的国际政治领域竞争，必须通过深化改革完善财税体制，建立更加强大稳固的国家财政基础，保障国家的战略利益和安全。

## （二）经济全球化继续深入发展

国际金融危机后，贸易投资保护主义有所抬头，但各国在经济发展中的相互依存和利益交融日益增强，经济全球化仍是发展主流。目前，全球范围内双多边的自由贸易协定、自由贸易区、经济共同体和共同市场已经超过 300 个，90%以上的世界贸易组织（World Trade Organization，简称为 WTO）成员都加入了一个以上的区域贸易协定。同时，区域经济一体化快于经济全球化趋势。美国主导和推动跨太平洋伙伴关系协议（Trans-Pacific Partnership Agreement，简称为 TPP），美国和欧盟启动跨大西洋贸易与投资伙伴关系协定（Transatlantic Trade and Investment Partnership，简称 TTIP）谈判，欧盟和日本启动了经济合作协定（Economic Partnership Agreement，简称为 EPA）谈判，欧盟还与印度、韩国等签订贸易协定。这种全球化的发展趋势要求我国加快推进参与全球化的进程，同时也通过深化财税体制改革，完善相关税收和财政制度，进一步提高我国企业参与国际竞争的能力，增强我国参与制定全球和地区经济规则的能力。

## （三）新科技革命方兴未艾

国际金融危机加速催生新的科技革命，围绕新能源、气候变化、生命科学、空间和海洋开发的技术创新加快推进，全球范围内绿色经济、低碳技术等新兴产业正在蓬勃兴起。主要发达国家纷纷加快发展新兴产业，加速数字技术和制造业的结合，推进"再工业化"，力图抢占未来科技和产业发展制高点。比如，美国创新技术推动下的能源革命正如火如荼地进行，页岩油产量已占石油产量的 12%，3D 打印技术开始应用；欧盟把新能源和信息技术发展作为重点；日本在智能电网、电动汽车以及智能机器等创新技术方面的全球实力开始展现。发展中国家也加大科技投入，加速发展具有比较优势的产业和技术，谋求实现跨越式发展。比如俄罗斯发布了《俄罗斯联邦 2020 年创新发展战略》，印度提出 2020 年成为知识型社会与全球科技领导者的目标。可以预见，未来各国围绕人才、资金、技术与标准、知识产权、市场的争夺将更加白热化，在产业与技术领域的竞争将更加激烈，合作也将更加广泛多样。全球日新月异的科技革命和创新发展强劲势头，也要求改革我国现行财税体制，支持企业创新生产技术和经营模式，加快追赶世界新技术革命的潮流。

（四）全球经济治理机制变革加速推进

国际金融危机后，新兴经济体与发达经济体实力对比的新变化对全球治理变革提出了迫切要求，新兴经济体在现有多边治理机制（如世界银行、国际货币基金组织、世界贸易组织）中的份额与话语权有所提升；20 国集团（G20）取代 8 国集团（G8）成为大国经济政策交流对话与协调的新平台，新兴经济体的影响力明显提高；发达国家加速推动制定新的国际规则，围绕利益分配和规则制定的国际竞争日趋激烈。积极参与国际合作，充分发挥我国在全球治理中的大国地位作用，也要求对现有财税体制进行改革，建立现代财政制度。

## 二、国内发展进入新常态

改革开放 35 年来，我国综合国力显著增强，人民生活显著改善，国际地位显著提高。2013 年经济总量达 56.9 万亿元，约合 9.2 万亿美元，相当于美国的 55% 左右，占世界总量的份额达 12.3%，世界排名第二位。按照世界银行的标准，我国自 2011 年开始进入中等收入国家行列，要求对财税体制进行相应的改革和完善。

### （一）经济增长正从高速转为中高速

我国经济增速换挡回落，从过去 10% 左右的高速增长转为中高速增长，这是未来经济发展新常态的最基本特征。纵观工业革命以来各国经济增长，当一个国家或地区经历了一段时间的高速增长后，都会出现增速换挡。比如，1950—1972 年日本 GDP 年均增速 9.7%，1973—1990 年回落至 4.26%，1991—2012 年进一步降至 0.86%；1961—1996 年韩国 GDP 年均增速 8.02%，1997—2012 年仅为 4.07%；1952—1994 年我国台湾地区 GDP 年均增长 8.62%，1995—2013 年期间回落至 4.15%。我国大陆也正在经历经济增速换挡。2010—2013 年 GDP 增速从 10.4% 降至 7.7%，2014 年预期目标是 7.5%，前三季度增长 7.4%。这次增速回落不是景气循环周期的下行区间，而是经济增长阶段的根本性转换。一方面是市场需求环境变化的反映。从投资看，2013 年我国资本形成率高达 47.8%，继续提高投资率不合理、不现实。从消费看，消费率从 2000 年的 62.3% 下降到 2013 年的

49.8%（其中居民消费率由 46.4% 下降到 36.2%），远低于世界平均 70% 以上的水平。从出口看，美国、欧洲、日本市场占我国出口份额 50% 左右，受金融危机影响，外需收缩，外贸出口低速增长常态化。另一方面是供给层面发生明显变化。随着工业化迅速推进，我国人口结构和经济结构均发生重大变化，劳动力、土地、矿产资源等传统要素供求关系改变。劳动年龄人口 2012 年已出现绝对下降，2013 年年底 60 岁以上老人已占总人口的 14.9%，65 岁以上老人占到总人口的 9.7%，均超过 7% 的国际警戒线。要素价格持续上升，原有竞争优势开始削弱，潜在经济增长率下降。从长期持续高速增长转变为中高速增长，需要对财税体制进行相应的改革，以适应经济总量增长速度的重大趋势性变化，保持财政和税收体系运转稳定，进一步提高财税政策对经济和社会发展的调控能力。

（二）经济结构需要实现再平衡

过去三十多年的持续高速增长，我国经济创造了世界发展史上的奇迹，但也付出了较大代价，经济结构不合理的矛盾长期积累，发展不平衡、不协调、不可持续性日益显现，质量和效益不高问题相当突出，第一产业基础不强、第二产业核心竞争力不够、第三产业比重不高。服务业发展不仅低于发达国家水平，也低于中等收入国家水平。第二产业中新兴产业少、传统产业多，低水平重复建设和低价竞争比较严重，产能过剩问题突出，粗钢、水泥、电解铝、平板玻璃都占全球产能的一半左右，风电设备、光伏产业等一些新兴行业也存在产能过剩问题，我国产能利用率低于国际通常水平约 10 个百分点。制造业产能过剩和重复建设加剧了资源供应紧张。随着支撑我国发展的要素条件发生深刻变化，如果不加快调结构转方式，不仅难以实现长期持续发展，就是眼前也过不去。可喜的是，近两年我国经济结构已出现改善。2013 年，第三产业增加值占 GDP 比重 46.9%，首次超过第二产业；投资率下降，消费率上升，2014 年前三季度最终消费对 GDP 增长贡献率比资本形成总额贡献率高 7 个百分点左右。未来要继续保持我国经济的持续稳定发展，必须要加快转变经济发展方式，深化产业结构战略性调整。完成转变增长方式、调整经济结构的重任，需要改革现行财税体制，建立健全促进增长方式转变和产业结构升级的财政税收制度和政策。

（三）经济增长需要形成新动力

新常态下经济增长将从要素驱动、投资驱动转向创新驱动。传统以出口和投资为导向特征的增长模式难以为继，世界经济结构调整、国内发展模式转型、化解国内经济社会发展中的各种矛盾，对寻找并培育壮大经济增长新动力提出了紧迫要求。从全球范围看，科学技术是推动经济社会发展的主要力量，国际经济竞争甚至是综合国力竞争，说到底是创新能力的竞争。当前我国自主创新能力还不强，一些关键技术和核心技术仍然受制于人，缺乏拥有自主知识产权的产品和品牌，在世界产业链中还处于中低端，产品附加值和市场竞争力较低。从当前扩大内需以及部分产品市场销售遇到困难来看，根本原因还是缺少创新型产品。我国95%的高档数控系统、85%的集成电路都依赖进口，高新技术产品出口中80%是外商投资企业的产品，72%是加工贸易产品。福布斯公布的 2013 年全球 100 名最具创新力企业中，美国有 39 家、欧洲有 35 家，中国只有 5 家。目前，新兴产业和服务业受市场环境不完善、领军人才和技术支撑不足等因素制约，短期内还难以形成拉动力。必须紧紧抓住新一轮科技革命和产业变革带来的重大机遇，深化财税制度改革，推动实施创新驱动发展战略，增强创新驱动发展新动力。

（四）发展中需要防范风险

转入中高速增长后，我国经济面临的风险也在相应增加，很多原来在高速增长期被掩盖的风险开始暴露。1960 年以来虽然世界上 101 个经济体进入中等收入经济体行列，但只有日本、韩国、中国台湾、中国香港等 13 个成功迈入高收入经济体行列，绝大多数国家出现经济徘徊不前、贫富差距扩大、社会矛盾增多等问题，有的甚至出现倒退，跌入"中等收入陷阱"。目前我国正处于"三期"叠加的阶段，经济发展面临的困难、挑战和风险很多。生态环境呈总体恶化趋势，一些地方生态环境承载能力已近极限，水、大气、土壤等污染严重，固体废料、汽车尾气、重金属等污染持续增加。环境突发事件增多，水污染、食品安全问题严重危害人民群众身体健康。能源资源供应保障面临人均占有量低、结构不合理、分布不均等问题，能源矿产对外依存度上升较快，2013 年原油、铁矿石对外依存度达到 57.4% 和 73%。我国主要农产品供求仍然处于总量基本平衡、结构性紧缺的状况，部分农产品进口数量持续增加，大豆进口依存度高达 80%

左右,食用植物油进口依存度 60% 左右。发展新阶段社会矛盾也明显增多,教育、就业、社会保障、医疗、住房、食品药品安全、安全生产、社会治安、执法司法等关系群众切身利益的问题较多;一些领域道德失范、诚信缺失;一些干部领导科学发展能力不强,一些领域消极腐败现象易发多发。应对新常态下的各种风险,需要通过深化财税改革构筑更加完善的社会管理和服务体系,调节收入分配关系,增强社保体系的保障能力,保护和改善环境,推动民主法制建设,促进社会和谐。

## 三、财政可持续发展面临挑战

随着对外开放和社会主义市场经济的发展,我国财政实力显著增强。1993—2013 年,我国财政收入由 4349 亿元增加到 12.9 万亿元,增长 28.7 倍,占 GDP 比重由 12.3% 提高至 22.7%。强大的财政实力是实施宏观调控、有效应对各种危机的基础和前提,促进了经济平稳较快发展和社会和谐稳定,也集中力量办了很多大事,对就业、教育、卫生、医疗等方面投入不断增加,我国用了较短的时间走完了发达国家半个世纪以上的路程。但是,随着经济社会发展和国内外形势变化,财政可持续发展也面临严峻挑战。

### (一) 财政收入增速放缓

由于我国税制结构以流转税为主体,第二产业是主要税源,财政收入受经济增长和物价特别是生产者价格指数(PPI)影响较大,具有随着经济高速增长、物价较快上涨而加速增长,随着经济减速、物价回落而加速放慢的特征。比如 2003—2007 年我国经济年均增长 11.6%，通胀率较高，同期财政收入年均增长 22.1%；2008 年受国际金融危机影响我国经济增速比上年回落 4.6 个百分点，出现通缩趋势，但财政收入增幅回落 12.9 个百分点；2011—2013 年，经济增速分别为 9.3%、7.7%、7.7%，居民消费物价指数（CPI）涨幅分别为 5.4%、2.6%、2.6%，PPI 涨幅分别为 6%、-1.7%、-1.9%，全国财政收入分别增长 25%、12.9% 和 10.2%。经济转向中高速增长将导致财政收入较低增长常态化，财政收入对 GDP 的弹性系数将回归 1 左右，财政收入增长将与 GDP 现价增速大体同步。同时，区域税收优惠政策过多过滥，成为财政收入增长的不稳定因素。目前已出台实施的区域税收优惠政策共有 30 项，还有 4 项国务院已批准尚未出台实施，正在申请待批的多达七十项，几乎涵盖了全国所有省份。一些地方通过税收返还等方式变相减免税收，制造政策"洼地"，严重影响了税制规范和市场公平竞争。考虑到"营改增"的全面推进和增值税的彻底转型等减税因素，财政收入增速将进一步放缓。

（二）财政支出需求大幅增加

理论研究表明，财政支出随着经济社会的发展进步呈刚性增长态势，这种态势不但不会因经济形势变坏而降低，反而有更多的人、更多的方面需要政府提供公共服务，从而有财政支出不断膨胀、财政收支矛盾加剧的趋势。尽管我国经济增速下台阶，未来一个时期财政仍面临较大的增支压力。除支出自然增长外，按照法律、法规和体制规定，教育、科技、医疗卫生、文化等法定支出增长要高于经常性收入增长，2013 年全国财政安排的教育、科技、文化、农业、医疗卫生、社保、计划生育 7 项与财政收支增速或 GDP 挂钩的重点支出就占到财政总支出的 47.5%，如果再考虑到一些法规文件作出的增支承诺，财政面临的增支压力更大。这种刚性而僵化的财政支出机制，直接遏制支出结构优化，抑制政府调控能力。同时行政、国防、社保等刚性支出需求较大，而且保障和改善民生、推动经济发展方式转变，以及支持城镇化健康发展、应对人口老龄化挑战、深入推进体制改革等，都要求加大财政投入力度。基于此，今后一个时期我国财政面临较大的增支压力，财政收支矛盾有加剧趋势。

（三）政府债务风险加大

债务风险事关全局，近年来我国宏观债务率出现迅速上升趋势。根据审计署的公报，截至 2013 年 6 月底，政府性债务规模已达 30 万亿元。其中，地方政府性债务接近 18 万亿元，综合考虑不同债务政府代偿的历史经验数据和比例匡算，地方政府需要偿还的债务约有 12 万亿元。同时，债务资金来源更为隐蔽，举债行为失范和借债无所约束的现象比较严重。部分地方政府性债务偿债压力大，存在债务风险隐患，债务余额超过当地综合财力的省本级、市本级、县级分别占 86%、40% 和 7%。如果任由债务风险积累下去，势必会传导到金融等领域，引发系统性金融风险。尤其是一些债务过度依赖土地出让收入偿还，必然会加剧征地拆迁矛盾，容易引发社会风险。在当前房地产市场进入调整期情况下，风险更容易暴露。此外，随着我国人口老龄化进程加快，从长期看基本养老和医疗保险基金存在收不抵支的风险。财政赤字和债务风险加速积聚，中期可持续发展面临严峻挑战。

以往的财政改革和发展经验证明，克服财政困难和风险的根本途径在于继续深化财税体制改革。通过改革才能有效消除产生风险的原因，才能建立科学的财税体制和机制，防范出现全局性和颠覆性的风险，保持经济社会持续健康稳定增长。

## 第二节　现行财税体制面临的突出矛盾和问题

由于 1994 年税制改革当时，以及实施过程中一些客观条件制约，有些改革措施未能付诸实践，有些改革因政策设计不完善而出现了新的矛盾。同时，财税体制作为经济体制改革的基础和关键环节，也反映了经济体制中长期积累的矛盾和问题。特别是随着经济社会发展和国内外形势的变化，我国财税体制存在的问题日益显现，已不能充分适应转变发展方式、促进经济社会持续健康发展和完善国家治理的迫切需要。

### 一、预算管理制度不规范、不透明

一是预算决算公开程度不够。支出政策、项目安排、预留资金和超收资金的使用等都不够透明。一些地方和部分部门对预算公开重视程度不够；预算管理的基础工作不够扎实，基层政府管理水平参差不齐，全面推进预算公开难度较大；预算公开的力度仍然不够，内容还不够细化，局限于预算科目统计的类、款、项，看不到具体的人员开支、公用经费和各个具体项目的开支；一些方面在强化预算硬约束上的措施跟不上。

二是预算支出碎片化。与财政收支增幅或国内生产总值挂钩的重点支出项目量多面广，有预算二次分配权的部门还不少。2013年仅教育、科技、农业、文化、医疗卫生、社保、计划生育等7类挂钩支出就占到总支出的47.5%。前些年，在中央强有力的行政推动和各级政府全面动员等超常规手段下，财政部门为落实好相关规定作出了艰苦努力。虽然这些挂钩规定在特定阶段为促进某些领域的发展起到了积极作用，但这种做法影响了财政公平、公正与公共性，僵化了支出结构，降低了预算的弹性，而且引发部门和行业攀比，部分领域出现了财政投入与事业发展"两张皮"、"钱等项目"甚至"敞口花钱"等问题，削弱了国家财政的宏观调控能力。

三是预算的约束性不强。预算编制、审批、执行、监督之间缺少制衡，财政资金"跑冒滴漏"甚至被侵占挪用等问题时有发生。2013年财政审计报告中反映，在对9个省的审计中，8个省及所属12个县都存在挤占挪用专项资金，用于日常运转、工业园区建设、发放工资津贴补贴等问题。

四是预算控制方式不合理。当前预算审核的主要内容包括财政收入、支出、赤字及国债余额上限等，重点是收支平衡管理，即政府预算不得突破人大批准的赤字规模。预算控制偏重收入，容易导致顺周期调节问题，当经济下行时，为保证预算目标的实现，一些地方可能会出现征收过头税（费）、压缩支出等现象，给经济运行"雪上加霜"；而当经济上行时，实际收入增长快于预算，容易出现超收超支或应收不收等现象，给经济运行"火上浇油"，在一定程度上影响了宏观调控效果。

五是预算体系不够统一完整。公共财政、政府性基金、国有资本经营和社会保险基金四大预算的功能定位及相互关系还不清晰，相互之间缺乏有机衔接，部门利益色彩较为明显。例如，公共财政、政府性基金、国有资本经营三本预算的支出边界存在一定的交叉重叠，政府性基金预算定位于支持特定基础设施建设和社会事业发展等方面，与一般公共预算支出边界高度重合；一般公共预算安排了一些支持企业发展和改革的支出，与国有资本经营预算也存在交叉重复。在一般公共预算赤字规模较高的情况下，政府性基金预算却由于专款专用的规定，存在大量结转结余资金。如2013年中央政府性基金结转下年支出807亿元，占当年总支出的18.9%。

六是转移支付制度不完善。转移支付与事权支出责任划分结合不够紧密，一些中央事权本应由中央直接承担支出责任，却通过安排转移支付委托地方政府承担，弱化了中央宏观调控职能；一些中央地方共同事权没有设立专项转移支付，而是通过一般性转移支付予以支持，不利于贯彻落实政策目标；对地方事权过多地安排专项转移支付，大量的引导类、救济类、应急类专项既不利于充分发挥地方政府的积极性，也不利于提高财政资金使用效率。一般性转移支付缺乏整体规划，项目种类多、目标多元，分配使用较为随意，均等化功能偏弱。专项转移支付涉及领域过宽、存在管理漏洞。2013年中央给地方的均衡性转移支付仅占转移支付总额的22.8%，不利于推进基本公共服务均等化；与此同时，专项转移支付项目过多、规模过大、资金分散。2013年安排的专项转移支付多达220项，总规模接近中央预算收入的三分之一，资金管理涉及56个部门，2014年减少到150项左右。这样的转移支付制度，不仅容易形成"跑部钱进""撒胡椒面"现象，而且容易造成中央部门通过资金安排，不适当干预地方事权，甚至成为滋生腐败的温床。

七是地方政府债务管理机制不健全。债务增长缺乏约束，债务风险加速累积，尽管近两年增长率整体有所下降，但一些地区仍远高于GDP和财政收入增长率，局部地区债务风险已经不容忽视。地方政府性债务"借、用、还"脱节，地方政府性债务举借主体多达15.36万家，涉及机关、事业单位、融资平台公司及其他国有企业，政企不分，责任不清，重借轻还。地方政府融资方式中，地方政府债券成本最低，2012年和2013年平均年利率分别为3.11%和4.06%，但占比不到5%。其他融资方式年利率大多在6%以上。除地方政府债券等少量债务外，绝大部分政府债务资金没有纳入预算，缺乏必要的预算监督与约束。政府部门、企业多头举债，偿债压力倒逼财政。

八是税收优惠政策过多过滥。近年来，产业导向的税收优惠政策越来越多，各种税收优惠区林立，已出台实施的区域税收优惠政策约 50 项，几乎囊括全国所有省（自治区、直辖市）。如超越权限出台的对企业、个人的税费减免或返还，与缴纳税款挂钩的先征后返、列收列支、财政奖励，对特定区域的收入全留或增量返还等。2010 年和 2011 年，全国税收优惠减收额分别达 1.63 万亿元和 1.51 万亿元。不同地区对税收优惠的诉求越来越多，不少地方在税权没有下放的情况下，变相减免甚至越权减免税的做法愈演愈烈，不仅破坏税制的统一规范，扰乱了正常财税秩序，而且影响财政收入的稳定性，造成更多的经济扭曲，干扰资源的有效配置。

## 二、税收制度不健全、不完善

一是税制结构有待进一步优化。现行税制结构距离现代国家治理和现代财政制度的要求，仍有一定的差距，主要表现在：税种布局缺乏协调性，调节缺位与重叠并存。比如，对货物和劳务分别征收增值税和营业税，存在重复征税；对某些供求关系紧张、环境损害程度很高的稀缺资源以及某些消费行为，缺乏有效有力的税收调节；对财产持有和交易环节的税种设置不科学、不完善；地方主体税种建设滞后，收入规模相对偏小，地方自主性财力较低。间接税占比偏高，直接税占比过低，一定程度制约着税收自动稳定器的发挥。直接税和间接税的结构是一国经济社会发展水平、税源结构、征收管理能力等各种情况的综合反映。总体来看，发达国家税制结构以直接税为主，发展中国家以间接税为主。相较于直接税，间接税税源充足，有利于为财政筹集稳定的资金来源，而直接税能更好地发挥调节收入分配的作用。我国现行税制结构流转税比重高一些，是由我国现阶段经济社会发展水平、征管水平所决定的，但这种格局也在一定程度上制约了税收自动稳定器作用的发挥，削弱了政府调节收入分配的能力，不利于促进经济社会转型。税费结构不尽合理，以费代税问题依然存在。1994—2013 年，全国税收收入占公共财政收入的比重不断下降，由 98.25% 下降到 85.54%，降低了 12.71 个百分点。在税收占财政收入比重走低的同时，非税收入占财政收入的比重逐年提升，不少地方政府非税收入项目过多，导致费基挤占税基，税收筹集财政收入的主渠道作用发挥得不够充分。

二是税制不能完全适应转方式、调结构的要求。对货物和服务分别征收增值税和营业税，存在重复征税，不利于促进产业结构升级；增值税由中央和地方按来源地分成办法，一定程度上助推了追求数量型经济的增长；反映要素稀缺、供求关系、环境损害程度的环境保护税制度尚未建立；资源税主要是从量计征，征收范围较窄，不利于资源节约和生态保护。

三是税收调节收入分配功能较弱。个人所得税实行分类征收，难以充分体现量能负担原则，对高收入者的调节作用需进一步加强；消费税征收范围较窄、税负结构不合理、征收环节单一，一些高能耗、高污染产品和部分高档消费品尚未纳入征税范围，调节收入和引导消费的作用未能充分发挥；房地产建设和交易环节税费较多，而保有环节征收的房产税功能缺失，全覆盖的房地产税制度尚未建立。

四是税收法治化程度不高。税法体系不完善，税收立法层次较低，现行18个税种中，只有个人所得税、企业所得税和车船税3个税种由全国人大立法，税收征管法律制度不健全，征管执法水平有待提高。深化税制改革、推进依法治税，已成为完善统一公平市场体系、推进法治中国建设的迫切需要。

## 三、中央和地方事权与支出责任划分不清晰、不合理

一是政府间收入划分不尽科学合理。中央财政收入比重总体不高，不利于宏观调控。2013年，我国公共财政预算收入中，中央财政收入所占比重为46.6%，如果将政府性基金、社会保险基金等政府性收入计算在内，中央收入比重约为29.3%，不仅明显低于其他国家水平，也与我国推动公共服务均等化的要求不相适应。政府间税种划分不尽合理，增值税由中央和地方按来源地实行75∶25的比例分享，在一定程度上助推了追求数量型经济的增长，也不利于解决重复建设和产能过剩等结构性问题。出口退税地方承担7.5%，不利于调动口岸城市支持外贸发展的积极性，以及跨区域的生产流通。土地出让收入等非税收入尚未纳入政府间财政关系调整的范围。同时，地方税体系不完善，地方主体税种建设滞后，地方的收入来源不够稳定，有些地方非税收入占比过高，部分地区基层政府财政比较困难。地方各级政府由于缺乏主体税种而无税可分，省以下分税制财政体制改革迟迟不能

到位。此外，随着营改增等税制改革的深入推进，中央与地方收入划分亟待调整，倒逼财政体制改革加快推进。

二是中央和地方部分事权与支出责任错位。受客观条件限制，1994 年财税改革没有触动政府间事权和支出责任划分，而是承诺以后再来处理，但此后 20 年来实际上事权在不断下放，包括一些全国性和跨区域性事权由地方管理，政府间事权划分缺乏有效法律约束。各级政府在基础设施建设、支持农业、教育等事业发展方面的支出责任划分交叉重叠、边界模糊、责任不清，中央主要通过安排各种专项对地方予以补助。这种格局造成目前中央财政支出占比较低，2013 年，我国中央财政本级支出只占全国财政支出的 14.6%，而经合组织国家平均为 46%。地方实际支出占到 85.4%，也就是说，地方承担了大量不应承担的事务和支出责任，而中央通过大量的转移支付等形式安排资金，实际上过多地干预了地方政府事权，基层财政负担较重。这不符合现代国家治理的一般要求。事权与支出责任划分问题不解决，有序、有效的行政管理秩序就难以形成，专项转移支付清理也缺乏依据，即使花大气力清理压缩专项，也容易出现反弹。

上述矛盾和问题相互交织，使我国财政中期可持续发展面临严峻挑战。财政面临收入降速、减税增支、防范风险等多重压力。财政收入进入低速增长通道，2014 年前三季度，全国公共财政收入 106362 亿元，增长 8.1%，其中中央财政收入 49599 亿元，增长 6%，比预算增幅低 1 个百分点；地方本级财政收入 56763 亿元，增长 10.1%。全国、中央和地方财政收入增速均呈逐季回落态势。一至三季度，全国财政收入分别增长 9.3%、8.4% 和 6.5%，其中中央财政收入分别增长 6.4%、6.1% 和 5.3%，地方财政收入分别增长 11.8%、10.5% 和 7.6%。国内增值税、消费税、房地产营业税这些和工业生产、消费、投资、工业生产者出厂价格、房地产等密切相关的税种低速增长。与此同时，财政面临的增支压力较大，财政收入增速放缓和刚性支出增加的矛盾凸显。2014 年预算安排全国赤字为 1.35 万亿元，考虑一些法定增支要求、履行已承诺政策、保障国防等必保支出，以及满足以前年度增支形成的惯性社会预期，今后一个时期财政收支缺口将呈递增趋势。财政赤字和债务风险加大，中期可持续性面临严峻挑战，这不仅影响到财政自身的稳定性和可持续性，而且直接制约国家治理体系与治理能力现代化进程。如果现在不抓紧解决，以后将会付出沉重代价。破解发展中面临的难题、化解来自各方面的风险挑战，进一步发挥财政在国家治理中的基础性地位和支柱性作用，深化财税体制改革势在必行。

## 第三节　深化财税体制改革的重大意义

改革开放后，财税体制改革始终发挥着突破口和先行军作用，特别是 1994 年实施的税收制度和分税制改革是我国财政史上的一个重要里程碑，20 年来经过多次调整和完善，初步形成了适应社会主义市场经济发展要求、体现国际一般经验的现代财税体制基本框架，对推动建立社会主义市场经济体制、促进经济社会发展、维护社会和谐稳定发挥了重要作用。随着国内外形势环境和我国发展阶段的变化，现行财税体制优势正在削弱，我国经济社会发展中的一些突出矛盾和问题也与财税体制不健全有关。为完成党的十八大提出的各项战略目标和工作部署，实现"两个一百年"奋斗目标、实现中华民族伟大复兴，党的十八届三中全会坚持问题导向，作出全面深化改革的重大决定。作为全面深化改革的基础和支撑，财税体制改革对其他方面改革具有重要传导作用，具有牵一发而动全身的效应，深化财税体制改革是全面深化改革的必然要求。

## 一、深化财税体制改革是推进国家治理现代化的迫切要求

党的十八届三中全会提出，全面深化改革的总目标是推进国家治理体系和治理能力现代化。推进国家治理现代化，就是要适应国家现代化总进程，提高党科学执政、民主执政、依法执政水平，提高国家机构履职能力，提高人民群众依法管理国家事务、经济社会文化事务、自身事务的能力，实现党、国家、社会各项事务治理制度化、规范化、程序化，提高运用中国特色社会主义制度有效治理国家的能力。

"财政乃庶政之母"，是国家治理的基础和重要支柱，是国家政权活动的重要组成部分，既是经济范畴，也是政治范畴，财税体制在国家治理中具有极为重要的作用。宋代著名政治家、文

学家苏辙曾经说过，"财者，为国之命而万世之本。国之所以存亡，事之所以成败，常必由之"。唐朝的"两税法"改变了传统"据丁征税"的做法，以财产的多寡为征税标准，不但使税收负担相对公平合理，而且简化了税目和手续，调动了劳动者的生产积极性；明朝的"一条鞭法"简并税赋，赋予农民更多人身自由，促进了当时商品经济的发展；清朝的"摊丁入亩"改革废除人头税，抑制土地兼并，促进人口增长，造就了康乾盛世。在西方发达国家，英国在工业革命期间崛起，与1688年的"光荣革命"确立未经议会同意国王不能征税的原则密切相关；19世纪末20世纪初美国预算制度变革，强化了议会、公民对政府的监督，助推其成为世界头号强国；20世纪80年代，澳大利亚等发达国家启动绩效预算改革，推动了新公共管理革命和"政府再造"。从大的趋势看，随着经济社会发展，国家治理复杂性加深，政府职能逐步拓展，社会公共风险持续增加，越来越需要强大的财政来支撑国家治理、保障政府履行职能，为市场经济有效运转提供服务和创造公平竞争环境。由于财政功能日益彰显，许多国家都在致力于推动财政制度现代化。

1994年税制和分税制改革奠定了国家长治久安的体制基础。但现阶段我国正处于从中等收入国家向高收入国家跨越的关键期，经济社会发展运行环境发生重大变化，国家治理的复杂性加深，现行财政制度运行中一些与现代国家治理不相适应的问题也逐渐暴露，比如，预算透明度不够，目前预算公开存在账目较粗的通病，虽然能看到预算收支数额，但总体上比较笼统，容易掩盖预算支出中的乱花钱和腐败现象。此外，财政资金使用不规范，效率不高，大量资金沉淀，部分地方政府举债行为缺乏约束，偿债压力加大等问题，都与预算公开不够、监督检查不力有一定关系。还有，中央与地方、地方政府之间都不同程度地存在事权和支出责任划分不清晰、不合理、不规范问题。几乎所有的公共事务都是中央地方共同事务，你中有我、我中有你，几个和尚抬水吃。同时，财政可持续性面临较大挑战，财政收支矛盾和地方政府性债务风险突出。这些问题影响国家治理的现代化，不利于国家长治久安。推进国家治理现代化，必须立足全局、着眼长远，通过深化改革对财税体制进行系统性重构，为国家长治久安提供坚实的物质基础和财税制度保障。

## 二、深化财税体制改革是完善社会主义市场经济体制的重要内容

完善社会主义市场经济体制，深化经济体制改革的重点和核心问题，是处理好政府与市场的关系，使市场在资源配置中起决定性作用和更好发挥政府作用。从发达国家现代化过程看，总的原则是尽可能市场、必要时政府，由市场发挥决定性作用，政府主要是弥补市场缺陷。财政作为政府履行基本职能的经济基础，政府治理和宏观调控首要的是运用财政工具，通过财政资源配置，使政府在市场监管、社会保障、公共服务等方面承担责任，保证市场和社会主体在公平的平台上竞争发展。

当前，我国社会主义市场经济体制已经初步建立，在加快转

变政府职能、简政放权方面也取得了重要进展，但仍存在不少问题，特别是政府与市场的关系还有待进一步理顺，政府在有些方面管得还是过多过细过死，该管的也没有完全管住管好，该放的没有彻底放开、放到位，影响了经济发展活力和资源配置效率。这在财税体制上具体表现为，一些地方在税收、非税收入和财政支出等方面出台的优惠政策五花八门，虽然一定程度上改善了当地投资环境，促进了局部地区经济发展，但也带来不少问题：一方面削弱了税法权威、破坏税制统一，形成政策"洼地"、破坏公平竞争，损害了市场机制运行，干扰资源有效配置；同时扰乱了国家财经秩序、加大地方财政风险，影响政府宏观调控政策效果。科学的财税体制是发挥好政府职能作用的关键，通过深化财税体制改革，将从根本上明确界定政府职能和职责范围，理顺政府间职责和财政关系，规范政府这只"有形的手"的行为。一方面，有助于推进要素自由流动，为市场创造公平竞争的环境，促进市场发育和成长，真正让市场在资源配置中发挥决定性作用；另一方面，政府主要转向加强市场监管、维护市场秩序、弥补市场失灵、推动可持续发展，在此基础上加强和优化公共服务，促进社会公正和共同富裕。这对政府职能转变、公共管理效率提升和妥善处理政府与市场关系具有举足轻重的作用。

## 三、深化财税体制改革是促进转变发展方式的重大举措

我国已进入只有调整经济结构、转变发展方式才能持续发展

的关键时期。过去三十多年，我国经济高速增长，创造了世界发展史上的奇迹，但也付出了很大的代价，经济结构不合理的矛盾长期积淀，发展不平衡、不协调、不可持续性日益显现，质量和效益不高问题相当突出。随着支撑我国发展的要素条件发生深刻变化，特别是资源环境约束不断强化，长期以来高投入、高消耗、高污染、低效益的粗放发展方式已不可持续。如果不加快调结构转方式，不仅难以实现持续发展，也会影响当前经济运行。制约转方式调结构的最大症结，是体制机制不合理，包括财税体制的不健全、不完善。比如，增值税和营业税之间、企业所得税和个人所得税之间均存在重复征税，不适应产业发展及分工细化趋势和国际惯例。为此，2012 年开始推出营改增改革，取得了很好的效果。试点以来整体减税面超过 90%，其中小规模纳税人平均减税幅度超过 40%，不仅有利于消除重复征税，减轻企业负担，还有利于促进工业转型、服务业发展和商业模式创新，今后随着营改增试点范围扩大，其效应还将进一步显现。此外，随着社会经济发展和房产、土地制度改革的不断深化，现行房地产税制老化，建设、交易和保有环节税负结构不合理问题突出；税收对生态环境保护的作用范围窄，调节力度弱；排污收费存在收费标准偏低、征收面较窄、征管力度不够等问题；资源税制度存在的计税依据缺乏收入弹性、调节机制不灵活、征收范围较窄、税负水平偏低、税费关系不规范等问题日益凸显，不利于促进资源节约、环境友好型社会建设。

在当前我国经济仍存在下行压力的情况下，要适应经济发展的新常态，把转方式、调结构放在更加突出的位置，坚持向深化改革要动力、向结构调整要活力、向改善民生要助力，必须坚持破除不合理的体制机制障碍，深化财税体制改革、建立现代财政制度，更好发挥中央和地方两个积极性，促进经济社会长期持续健康发展。同时，作为国家公共治理政策组成部分和政府宏观调控重要工具的财政政策，也要更好运用预算、税收、公债、补贴等手段熨平经济周期波动，推动实现国家治理目标。

## 四、深化财税体制改革是促进社会公平正义和保障改善民生的客观需要

公平正义是中国特色社会主义的内在要求，是社会创造活力的源泉，也是提高人民满意度的衡量标尺。党的十八届三中全会明确指出，全面深化改革，必须以促进社会公平正义、增进人民福祉为出发点和落脚点，这是中国特色社会主义本质要求所决定的，是党和政府的性质和宗旨决定的，也是决定改革成败的关键。改革要让人民群众受益，让发展成果更多更公平惠及全体人民，给人民带来公平参与和发展的机会，才能得到广大人民群众的拥护。现代财政制度的一个重要功能就是促进社会平等，推动社会善治。不可否认，现阶段社会上还存在不少有违公平正义的现象，财政制度在这方面的功能还有待增强。比如，受发展阶段、收入水平与征管条件的局限，我国税收调节收入分配的功能不强，现行个人所得税实行分项征收，难以体现量能负担原则；消费税征收范围偏窄、税基偏小、税率结构不尽合理，调节收入

和引导消费的作用未能有效发挥；房产税等财产税制度不健全，弱化了税收调节财富分配的功能。社会保障制度既有福利化倾向，又有社会救助保障不充分、不到位问题，区域、城乡和不同群体的待遇水平还不尽公平合理。政府间转移支付制度不完善，一般性转移支付规模偏小，专项转移支付项目过多、规模过大、资金分散。这种状况持续下去不利于实现基本公共服务均等化，不利于更好地保障和改善民生。建立公平有效的体制机制，使改革的红利、发展的成果让人民群众共享，必须深化财税体制改革。现代财政制度的一个重要功能就是促进社会平等，推动社会善治。通过深化财税体制改革，保障好维护好贫困人群和低收入者利益，逐步扩大中等收入阶层，保护好高收入者合法权益，使不同社会群体各得其所、各展其能，这样才能最大限度地调动一切积极因素，最大限度地凝聚共识，顺利推进改革。

## 五、新一轮财税体制改革在全面深化改革中发挥基础和支撑作用

习近平总书记指出，"这次全面深化改革，财税体制改革是重点之一"。推进全面深化改革，各领域、各环节改革的关联性、互动性明显上升，每一项改革都会对其他改革产生重要影响。财税体制在治国安邦中始终发挥着基础性、制度性、保障性作用，财税改革涉及政府与市场关系调整、政府行政体制改革、经济转型与结构调整、公共服务均等化等多个方面，牵一发而动全身。牵住财税改革这个"牛鼻子"，可以有力促进其他领域深

层次矛盾的化解，促进其他领域改革深化。

　　从全面深化改革各项目标任务看，很多领域的改革都涉及财税问题。比如，健全城乡一体化体制机制，需要建立透明规范的城市建设投融资机制，允许地方政府通过发债等多种方式拓宽城市建设融资渠道；建立财政转移支付同农业转移人口市民化挂钩机制，需要进一步改革转移支付制度；加快生态文明制度建设，需要坚持使用资源付费和谁污染环境、谁破坏生态谁付费原则，逐步将资源税扩展到占用各种自然生态空间，坚持谁受益、谁补偿原则，完善对重点生态功能区的生态补偿机制，推动地区间建立横向生态补偿制度；等等。财政的基础性、综合性和宏观性使其成为各个领域、各方关系的联结点，财税体制改革可以为全面深化改革铺路搭桥。也只有财税体制改革取得根本性突破，才能为其他领域改革提供政策导向、物质基础和财税制度保障，并推动我国政治、经济、社会、文化和生态文明等领域的改革，从而促进实现全面深化改革总目标。

# 第三章　深化财税体制改革的总体要求

深化财税体制改革，要全面贯彻落实党的十八大和十八届二中、三中、四中全会精神，按照全面深化改革的总目标——完善和发展中国特色社会主义制度、推进国家治理体系和治理能力现代化，坚持稳中求进、改革创新，充分发挥中央和地方两个积极性，以改进预算管理、完善税收制度、明确事权和支出责任为重点，建立现代财政制度，为优化资源配置、维护市场统一、促进社会公平、实现国家长治久安提供制度保障。

## 第一节　深化财税体制改革目标是<br>建立现代财政制度

党的十八届三中全会通过的《中共中央关于全面深化改革若干重大问题的决定》首次提出了建立现代财政制度的财税体制改革目标。现代财政制度是国家治理现代化的重要基础，是规范政府与市场、政府与社会、中央与地方关系的一系列财政制度安排。20 世纪 80 年代以来，美国、英国、澳大利亚、新西兰等主要发达国家推行绩效预算改革，推动了"新公共管理"革命和"政府再造"，财政的功能作用日益彰显，财政制度在演进中呈现出统一完整、权责对等、公开透明、公平高效的现代财政特征，为完善国家治理体系和保障国家长治久安发挥明显的基础性、支撑性作用。建立现代财政制度，就是要建立统一完整、法治规范、公开透明、运行高效，有利于优化资源配置、维护市场统一、促进社会公平、实现国家长治久安的可持续的财政制度。

## 一、体系上要建立"三大支柱"

### （一）全面规范、公开透明的现代预算制度

预算是政府的血液，预算失灵，遑论善政。深化预算管理改革，目标是遵循社会主义市场经济原则，加快转变政府职能，完善管理制度，创新管理方式，提高管理绩效；盘活存量资金，用好增量资金，构建全面规范、公开透明的预算制度；进一步规范政府行为，防范财政风险，实现有效监督，提高资金效益，为推进国家治理体系和治理能力现代化提供预算制度保障。近一个世纪以来，各国政府预算回应现实需要和社会发展，因势利导，引领变革，历经变迁。从国际经验看，现代预算制度具有以下几个特点。

一是较高的法治化水平。预算管理中的法治观念强，财政收入的方式和数量以及财政支出的去向和规模必须建立在法制的基

础上。无论哪种形式和性质的收入，必须先立法、后征收；无论哪类项目和性质的支出，必须依据既有制度来安排，特别是政府支出预算的编制程序和内容要严格依法确定，批准后的预算也要严格在法律约束和监督下执行。

二是明确的管理目标。预算管理目标着眼于规范财经纪律、加强总支出控制、实现战略性资源配置和良好的运作管理。预算编制要科学、符合实际，预算执行体系要健全有效。比如，通过国库单一账户体系加强对支出过程控制，通过完整的政府会计系统加强对支出周期各个阶段实施有效的跟踪和控制，并密切关注各项拨款项目之间的资金动向等；预算要与经济发展战略和发展规划相结合，以便能对财政资源进行科学安排和合理配置，最大限度地提高财政资源的使用效益和效率；实施结果导向的预算管理，建立绩效预算制度。

三是完善的管理机制。包括政策制定中的制度机制和实施中的协调机制、预算执行中的激励机制和事前、事中、事后的监督机制等。比如，通过政策制定中的权力制衡机制来依法确定各级政府及其各职能部门之间的责权利关系；通过建立政府内部政策制定的协调机制来密切政策与预算之间的联系；健全财政部门内部审计与独立审计机构的外部审计相结合的支出监管体系来加强对预算全程的监督等。同时，管理控制程序规范，年度预算编制以宏观经济框架的制定为起点，保证财政目标与宏观经济目标的一致性；支出控制程序严谨，会计制度和财务报告制度健全，具有扎实的管理基础。

四是强大的信息技术支持系统。开发和运用政府财政管理信息系统，降低政府公共管理成本，改善政府责任制，增强政府工作的透明度和参与性，提高公共部门运作效率和有效性，拓宽公众获取公共服务的渠道。

（二）公平统一、依法运行、调节有力的税收制度

税收是国家最主要的收入形式，税收制度反映国家与纳税人之间的经济关系。按照社会主义市场经济和现代财政制度的要求，税制改革的目标是，建立一个税种布局科学、法律制度健全、征纳便利高效，有利于科学发展、社会公平、市场统一的完善的现代税收制度。

现代税收制度应具备以下基本特征：一是税收中性化，这是建立和完善符合市场经济发展要求的现代税收制度的首要特征。近二三十年来，发达国家引领的世界性税制改革浪潮主要以税收中性为核心，通过"简税制、宽税基、低税率"来实现。坚持税收中性原则，意味着要始终坚持税收是政府收入基本形式的理念，把筹集政府收入作为最主要职能；始终坚持公平税负的理念，最大限度地消除重复征税、最大限度地减少税收优惠、最大限度地实现普遍征收、最大限度地消除税负不公；始终坚持注重逐步提高或适当保持直接税比重的理念，发挥直接税"自动稳定器"和"收入调节器"的作用，减少间接税对商品和服务价格的扭曲，提高市场配置资源的效率；始终坚持依法治税的理念，提高税收法律级次、增强法律效力、健全法律规定、强化法律监督，使各项税收制度纳入法制化轨道。

二是制度国际化。伴随着经济全球化的进程加快，税源国际化程度日益提高，跨国公司通过复杂的关联交易操纵利润，加大了跨境税源监管和维护国家税收权益的难度，国际间税收竞争和税收趋同化日益明显。我国作为全球第二大经济体，税制国际化是顺应时代发展需要的必然要求。要适应经济全球化和税制国际趋同化的趋势，建立符合国际惯例、具有国际竞争力的现代税收制度，实现税种间的整体协调，加大对部分消费行为和污染行为的征税力度，科学规范征纳义务和责任，形成完整的现代税制体系。要在国际税收交流和合作上有更大的作为，在国际税收规则制定过程中扩大话语权，积极推动国际税收规则的制定，维护和发展良好的国际税收秩序，为促进中国与世界其他各国的经济融合创造良好的发展环境。

三是征管信息化。信息技术的日新月异和网络经济的迅猛发展，改变了传统的贸易和结算方式，也加大了税收征管难度，传统征管方式已不能满足新形势需要。为此，要建立与税制改革相促进、与税源状况相适应、与科技创新相协同，覆盖税收工作全环节、技术强大、运行安全、国际先进的税收管理信息系统，能够精准实施税收风险监控，严厉打击涉税违法犯罪行为，营造公平正义的税收环境，有效降低征税成本和遵从成本，为纳税服务、税款征收、管理决策提供强大的信息支撑。还要实现全社会、跨部门涉税信息的共享，以及纳税人信息共享，为推进税制改革提供必要的配套条件支持。

（三）中央和地方事权与支出责任相适应的制度

财政体制是处理中央与地方各级政府之间纵向财政关系，以及地方政府间横向财政关系的基本制度，是国家治理体系的重要组成部分。现代国家通过财政体制的制度安排，要实现三个基本目标：一是稳定。为树立中央权威、保证国家机器正常运转奠定财力基础，强本固基是财政体制的核心目标和治国安邦的重要手段，无论何种形态的社会都概莫能外。即使法治化程度较高的成熟市场经济国家，中央或联邦政府在政府间初次分配时都确立对地方的财力优势，实行普遍补助制度。我国历史上分治分裂时间较长。王朝更迭、分合交替的历史表明，凡是中央财力雄厚的时期都是太平盛世，而"弱干强枝"时期多为社会动荡。中央的权威必须有可靠的财力支撑，中央适度集中财力有利于国家长治久安。二是效率。这是市场经济与现代文明社会下财政体制的另一功能。通过政府间收支的统一规范划分，清除影响资本、劳动力等生产要素充分自由流动的壁垒，形成统一、公平、开放、可预期的市场环境，促进市场在资源配置中发挥决定性作用，实现市场有序有效；同时，明确各级政府的职责所在，各司其职、各负其责、各尽所能，提供优质的公共服务，实现行政运行有序有效。三是公平。由于自然禀赋的差异和社会经济发展程度的不同，各地政府的财政收入能力与支出需求差异不尽一致，部分地区会出现财政盈余，一些地区存在财力缺口。通过财政体制的收支划分和转移支付，调节地区间公共资源差异，实现基本公共服务大体均等，体现文明社会的价值理念，实现社会公平正义，增强国家的向心力与凝聚力，这也是我们社会主义制度的本质规定、内在要求和具体体现。

遵循现代国家的做法，明确政府间事权和支出责任应依据以下三个原则：外部性原则，如果外部性是跨区域的，适于更高的区域级别政府管理；信息处理的复杂性原则，信息处理越复杂，越可能造成信息不对称，越应该让地方政府管理；激励相容原则，要使得所有参与方即使按照自己的利益去运作，也能够实现整体利益最大化。

## 二、机制上要符合国家治理现代化的新要求

党的十八届三中全会提出，全面深化改革的总目标是完善和发展中国特色社会主义制度，推进国家治理体系和治理能力现代化。国家治理体系和治理能力是一个国家的制度和制度执行能力的集中体现，两者相辅相成。我国的治理体系和治理能力总体上是好的，有独特优势，适应我国国情和发展要求，同时也有许多亟待改进的地方。国家治理体系和治理能力现代化，是党提出的全新理念，现代财政制度与国家治理现代化有着密切的关系。

首先，财政是国家治理的基础。财政是政府与市场、政府与社会、中央政府与地方政府之间联系的纽带，而且在任何经济形态和社会发展阶段，财政都是政府治理和履行职能的基础，因为任何经济政策或公共政策，都需要相应财力支撑。没有财力支持，政府职能的履行、公共政策的实施，甚至政府本身的运转都会成问题。尤其在现代市场经济条件下，财税体制内嵌于市场经

济体制，作为政治、经济、社会之间的连接纽带和经济体制改革与政治体制改革的交汇点，其自身的健康、稳定、平衡，运行过程的法制化、制度化、规范化水平以及其配置资源、稳定经济、收入分配等职能的发挥都关乎一个国家治理体系和治理能力的现代化水平。

其次，财政是国家治理的重要支柱。在我国全面深化改革的背景下，财政涉及的领域涵盖政治、经济、社会、文化、生态文明建设以及党的建设等方方面面。要实现政府职能转变，使市场在资源配置中发挥决定性作用以及保障和改善民生，就需要政府财政逐步从建设性领域中退出，以提供公共产品和公共服务为主，建设服务型政府，着力提升公共服务能力；要实现基本公共服务均等化、主体功能区建设以及建设美丽中国，就需要政府加大对欠发达地区和限制开发区、禁止开发区地方的转移支付力度；要改革收入分配制度，促进社会公平正义，就需要进一步完善税制结构，提高直接税的地位和比重，尽早实现个人所得税分类与综合相结合的征收方式，完善房产税、财产税等。因此，当前经济社会发展的各个方面，都离不开财税政策的支持和财税体制的完善，财税体制是解决发展中问题的关键和国家治理的重要支柱。

最后，财政政策是提升国家治理能力的重要工具。在市场经济条件下，财政政策是国家实施宏观调控和实现治理的重要工具。政府部门通过预算、税收、公债、补贴、投资等政策工具，"熨平"经济周期波动，从而实现稳定经济的职能。比如，在经济增长过热时，通过减少财政开支、增加税收等实施紧缩性财政政策；在经济增长放缓时，通过扩大政府支出、减少税收等实施扩张性财政政策。党的十八届三中全会中提出将预算审核的重点由平衡状态、赤字规模转向支出预算和政策拓展，就是为了更好地发挥财政政策工具在实现宏观经济稳定中的作用。因为将预算审核的重点放在年度预算平衡和赤字规模上，很容易导致经济"顺周期"问题。因此，财政政策的制定与实施均体现着国家治理的能力与水平。

### 三、功能上要适应科学发展的需要

科学发展要求财税体制更好地发挥其在资源配置、公共服务、分配调节、国家安全等方面的职能。

首先，要有利于优化资源配置。市场决定资源配置是市场经济一般规律，遵循这一规律，我国经济体制改革不断深化。全面深化改革，特别是要积极稳妥地从广度和深度上推进市场化改革，大幅度减少政府对资源的直接配置，推动资源配置依据市场规则、市场价格和市场竞争实现效益最大化和效率最优化。按照这一要求深化财税体制改革，建立现代财政制度，就是要有利于最大限度激发各类市场主体创业、创新活力，推动转型升级和发展方式转变。同时，由于市场具有一定的盲目性和自发性，市场主体为获得自身利益最大化有可能与社会利益发生冲突，需要政府加强监管和调控，解决市场外部性问题。比如，通过实行政府购买服务，推广运用政府和社会资本合作（Public-Private Partnership，简称为 PPP）模式等，创新体制机制，进一步简政放权，从"不该管、管不了、管不好"的领域退出来，加强政府的战略规划制定、市场监管和公共服务职能，从而有效提升市场效率；通过完善税收制度和提升公共服务的有效供给能力，加强对市场活动监管，有效发挥对经济活动的引导和规范作用，为市场经济健康发展创造公平竞争的环境。

第二，要有利于建立公平统一市场。市场体系是依照特定规则运行的，市场主体是遵循特定规则相互博弈的。市场规则不同，市场体系运行的方式和效率将大相径庭。平等竞争是市场经济运行的基础，是市场经济规律的客观要求。建设公平统一的市场，要求清理和废除妨碍全国统一市场和公平竞争的各种规定和做法，特别是各种"弹簧门""旋转门"等隐性壁垒。比如，清理区域税收优惠政策，消除地方保护主义，消除不同地区之间形式多样的不规范的税收竞争，维护税收的统一性和规范性，促进市场公平竞争，有利于市场机制对资源在全国范围内合理配置所应发挥的决定性作用，促进区域之间优势互补、协调发展；通过创新支持方式，支持其他领域改革，推动建立公平透明的市场规则，支持混合所有制经济发展；为产能过剩企业退出和重组创造必要的外部条件，比如完善社会保障体系，开辟再就业门路，为兼并重组提供必要的金融支持等。

第三，要有利于实现社会公平。改革要让人民群众受益，给人民带来公平参与和发展的机会，才能得到广大人民群众的拥护。市场通过价格竞争机制实现资源配置，与其相适应的是按生产要素贡献分配收入，其不能很好地解决公共产品供给和收入分配不公问题，政府必须加强和优化公共服务。实现基本公共服务均等化是公共财政建设的基本目标之一，也是更好地保障和改善民生、促进社会公平正义和共同富裕的重要内容。现代财政制度将着力于促进社会平等，推动社会善治，保障好、维护好贫困人群和低收入者利益，逐步扩大中等收入阶层，保护好高收入者合法权益，使不同社会群体各得其所、各展其能；通过合理有效的财政税收制度设计，使各区域按照国家主体功能区规划有序发展，使财政资源在不同地区之间合理配置，从而城乡居民在不同地区都能享受到水平均等的基本公共服务，并有利于人口和劳动力的合理流动和迁移。

第四，要有利于实现国家长治久安。保持国家长治久安，是国家治理最根本的政治目的。我国的悠久历史是一部治乱交替的历史，封建社会几千年虽然也出现过不少政治比较清明的治世，但始终没有摆脱治乱循环的宿命。现代中国能否实现国家长治久安，成为人民衡量制度好坏、政权优劣的最重要标准。说到底，实现国家长治久安还是要靠制度，靠制度执行力，靠国家治理现代化。财政制度作为国家治理的基础和重要支柱，直接关系政权稳定和国家安全运转。深化财税体制改革，建立现代财政制度，通过严肃财经纪律，规范财政管理，提高资金使用效率，以及明确划分政府间事权和支出责任等使其各司其责，有利于提高党的执政能力，夯实党的执政基础，加强党和人民群众血肉联系，促进国家长治久安。

# 第二节　深化财税体制改革的基本思路

深化财税体制改革，要按照"完善立法、明确事权、改革税制、稳定税负、透明预算、提高效率"的思路，努力建设法治财政、民生财政、稳固财政、阳光财政、效率财政。

## 一、完善立法

完善立法，就是要树立法治理念，依法理财，将财政运行全面纳入法制化轨道。法治是治国理政的基本方式，国家治理的现代化，有赖于各个领域的法治化。我国作为发展中大国，财政的法治化尤其重要。特别是在市场主体、利益主体多元化的发展阶段，作为调节社会利益关系的国家公器，财政依法运行，是协调城乡、区域、不同阶层利益的前提条件。只有将各种利益冲突和矛盾的化解纳入法制化轨道，才能提高治理水平，实现社会和谐安定。在国家治理体系中，财政法治的核心是对公共部门和市场主体提出财经纪律、规范秩序，促进政府和市场有序协调运转，防止权力随意扩张而损害社会公众利益。按照"完善立法"的要求，打造法治财政，应加快建立和完善财政法律、法规和制度，规范各种财政分配关系和行为，促进政府和市场、社会有序协调运转。加快财税立法步伐，逐步建立健全财税法律法规体系，提升税收立法级次；依法建立中央和地方事权和支出责任相适应的制度，使中央地方都有规可循。同时，按照法律法规，严格落实依法理财，实现财政法治化。维护预算的严肃性和权威性，预算一经立法机关通过就是法律，必须严格执行，不得随意调整和追加，地方政府借债必须依法、合规；严格依法征税，维护国家税法的统一、尊严和权威，减少自由裁量权，清理规范税收减免；只有依法理财成为自觉，财政法治才能实现。

## 二、明确事权

明确事权，就是要合理调整并明确中央和地方政府间的事权与支出责任，促进各级政府各司其职、各负其责、各尽其能。事权是指不同层级政府的职能性质。事权需要细化并落实到支出责任。事权划分是整个财政体制的运转基础。首先是明确政府和居民的界限。从广义上讲，公民的界限是指居民（自然人和法人）的职责边界。法律之下居民是自由的，自主决定生产、消费、劳动、居住，财产受到保护。公民在享受自由和行使权利的时候，不得损害国家、社会、集体利益和其他公民合法的自由和权利。另一方面，还要明确政府的职能界限。尽管理论研究和实践经验均表明，市场机制是资源配置的有效方式。但是，市场配置资源的作用范围仅限于与市场有关的领域，无法覆盖到社会所有领域。自发运行的市场经济在许多情况下，难以实现社会资源的有效配置。政府需要运用一定的手段规范市场，对市场参与者加以制约和引导。因此，需要在明确政府和市场、社会作用边界的基础上，加快政府职能转变，确定财政的覆盖领域和范围。同时，遵循现代国家的通行做法，充分考虑公共事项的外部性、信息处理的复杂性和激励相容原则，以及地方的自主性、积极性，明确中央与地方的事权和支出责任，促进各级政府高效提供相应的公共产品和服务，避免相互之间的恶性竞争和相互推诿。

## 三、改革税制

改革税制，就是要优化税制结构，逐步提高直接税比重，完善地方税体系，坚持清费立税，强化税收筹集财政收入主渠道作用。为逐步适应我国经济结构、税源结构、征管能力和发展目标的变化，要逐步形成税种功能组合合理、税制要素配比优化的税制结构，促进直接税和间接税比例调整，始终注重逐步提高或适当保持直接税比重的理念，发挥直接税"自动稳定器"和"收入调节器"的作用，减少间接税对商品和服务价格的扭曲，提高市场配置资源的效率。完善税种布局安排，健全地方主体税种，明确和规范税制要素，规范征管秩序。同时，科学划分中央税、共享税和地方税，合理配置各级政府税收收入归属权。为充分发挥税收政策推动科学发展、促进社会公平、建设统一市场的作用，要通过改进和完善税收制度，引导地方政府更多地关注经济发展质量，更加注重经济结构调整和发展方式转变，促进解决重复建设和产能过剩问题。为正确处理税收在经济效率与社会公平之间的关系，要逐步消除现行税制存在的对不同市场主体的税收不平等待遇，促进自由竞争和要素充分流动，进一步激发市场主体活力。要严格税收征管，维护国家税法的统一、尊严和权威，推动形成科学立法、严格执法、全民守法的依法治税新局面。要按照"正税清费、分类规范"的原则，进一步推进税费制度改革，清理规范行政事业性收费和政府性基金管理，解决以费代税造成的税费功能叠加问题，实现税费功能归位，规范政府收入秩序。

## 四、稳定税负

稳定税负，就是要正确处理国家与企业、个人的分配关系，保持财政收入占国内生产总值（GDP）比重基本稳定，合理控制税收负担，增强财政可持续性。正确处理国家与企业、个人的分配关系，原则是既要使市场有活力，合理控制税收负担，调动市场主体、社会力量和个人创业积极性；又要使政府有能力，更好地提供基本公共服务，支持重点领域特别是社会事业发展，促进社会和谐稳定。当前我国宏观税负（即财政收入占 GDP 比重）水平并不高，2013 年我国国际可比的宏观税负为 29.6%，低于 2012 年 38.4%的世界平均水平，远低于发达国家 42.6%的平均水平，也低于发展中国家 35%的平均水平。考虑到未来我国财政面临收入降速、增支、控债等多重压力，宏观调控任务繁重，公共服务特别是社会民生领域支出不断增加，我国还是发展中大国，正处在社会主义初级阶段，地域广、民族多、差异大，外部环境又十分复杂，所以要有足够财力保障。只有保持较强的财政能力，才能确保政权稳固、国家长治久安。深化财税体制改革，要税费联动、有减有增，兼顾需要与可能，保持宏观税负相对稳定。既要考虑保障国家发展和人民对公共服务的需要，适当集中财力，也要充分考虑企业、个人的承受能力，将税收负担水平控制在合理范围之内。同时，稳定税负不等于税负一成不变，更要注重做好结构性布局，体现量能负担原则，兼顾公平与效率。

## 五、透明预算

透明预算，就是要逐步实施全面规范的预算公开制度，推进民主理财，建设阳光政府、法治政府。透明、公开是社会主义民主政治的基石。增强政府公共管理的透明度，逐步实现政府、社会、居民的共同治理，已成为国家治理的发展潮流。在我国，一切权力属于人民，人民当家做主，需要知道国家收入是怎么征收的，钱是怎么花的。近几年"三公"经费支出成为社会舆论关注的热点，反映了公众参与政府公共事务管理意识不断增强的大趋势。党的十七大就提出"确保权力正确行使，必须让权力在阳光下运行"。财政作为国家治理活动的制度安排和财力保障，必须提高透明度，这不仅是建设阳光政府、责任政府的需要，是依法理财、防范财政风险的需要，也是保障公民知情权、参与权、监督权的必然选择。为此，要加快推进预算决算公开，强化对财政行为的监督，推进民主理财。公开的基础是科学规范的财政制度，无论是预算管理的各个环节，还是各项税收征管，以及中央和地方财政关系，都要规范化和科学化。但这并不意味着万事俱备才能公开透明。国际上的财政公开，都有一个比较漫长的过程，如美国就经历了近百年，也不是一蹴而就的，要用加快公开透明倒逼改革。"开弓没有回头箭"，财政做到了公开透明，才有利于强化各级人大和社会公众对财政的监督，推进民主理财，从而有力推进国家治理能力现代化。

## 六、提高效率

提高效率，就是要推进科学理财和预算绩效管理，健全运行机制和监督制度，促进经济社会持续健康发展，不断提高人民群众生活水平。现代国家治理改革的基本方向，是建立高效政府。这是 20 世纪 80 年代以来，西方发达经济体国家治理的普遍趋势，体现在政府决策、执行、监督全过程中。财政是国家配置公共资源的主要手段，其配置效率决定着政府的绩效水平和国家的治理能力。为此，要着眼宏观，从让市场在资源配置中起决定性作用和更好地发挥政府作用出发，科学合理界定财政的活动范围，大幅度减少政府对资源的直接配置，尽量避免税收对市场配置资源的扭曲。同时，增强财政宏观治理的权威性和有效性，强化主导和引领作用，熨平经济波动，从财政的公共性出发，兼顾公平与效率，以满足社会公共需要、提供公共服务为目的，既要为市场主体提供平等竞争的体制政策环境，也要明确中央、地方政府的职责，提高行政效率和公共资源配置效率。要着眼人民福祉，进一步突出民生财政，构建促进社会发展的激励机制，形成民生改善与经济社会发展的良性循环。还要加强财政绩效管理，强化支出责任和效率意识，把提高财政资金使用效率放到更加突出的位置，把有限的财政资金分配好、使用好、管理好。

## 第三节　深化财税体制改革的基本原则

深化财税体制改革、建立现代财政制度是一项庞大的、复杂的系统工程，要注意把握好以下基本原则。

### 一、坚持处理好政府与市场的关系

深化财税体制改革，必须使市场在资源配置中起决定性作用和更好地发挥政府作用。要着力解决好政府干预过多的问题，切实转变政府职能，取消、精简、下放不符合市场经济原则的管理事项，把市场能做的交给市场去做，把该管的事情管住、管好、管到位。比如在基础教育、跨界交通领域和边界治理等方面，不宜由市场配置资源，需要政府直接配置，调整优化支出结构，更多地向公共服务领域倾斜，推进公共服务均等化。深化财税体制改革，要创造平等的市场准入和产权保护、公平的竞争条件和营商环境，从而有利于最大限度地激发各类主体创业、创新活力；要有利于加快转变经济发展方式，纠正地方追求速度型经济增长，以及上项目、铺摊子的投资冲动，纠正地方通过税收减免、财政补贴等方式扭曲要素价格、干扰市场机制作用、误导资源配置问题；要有利于提高社会管理效率和公共服务供给，充分发挥社会力量参与社会管理和提供公共服务的作用；要维护和规范由市场形成的初次分配秩序,并通过税收、社会保障、转移支付等手段对收入再分配进行合理调节,防止收入分配差距过大,促进共同富裕,维护公平正义和社会稳定。财税体制改革还与市场主体及老百姓切身利益息息相关,要正确处理国家财力需要与市场主体和居民承受能力的关系,充分考虑改革可能带来的影响和反应。

## 二、坚持发挥中央与地方两个积极性

我国是一个人口众多、地域辽阔、各地区经济发展极不平衡的大国,处理好中央和地方的关系,是一个十分重要的问题。实践表明,能够正确处理好中央与地方关系,就会有"两个积极性",不能够处理好,就只有"一个积极性"。毛泽东同志曾说:"有中央和地方两个积极性,比只有一个积极性好得多。"[①] 其本质就是形成激励相容机制,既能各得其所,又能形成全国合力,集中力量办大事。这是 1994 年分税制改革成功的一条基本经验,也是新一轮财税体制改革必须坚持的根本原则。一方面要保障中央宏观调控、实施重大改革、推进基本公共服务均等化和协调区域保障和发展能力,地方要牢固树立"全国一盘棋"思想,从整个国家长治久安的角度考虑问题,自觉维护党中央、国务院的权威,坚定不移地贯彻落实中央的改革决策。另一方面,中央要少搞"一刀切",让地方有施展空间,更好发挥基层首创精神,切实保护地方利益,调动和发挥地方改革的主动性和创造性。比

---

① 《毛泽东文集》第七卷,人民出版社 1999 年版,第 31 页。

如，事权和税收体系调整以后，如何弥补地方财力可能出现的缺口，要做好细致的测算工作。地方既得利益有所保证或提高，有利于调动和发挥地方改革发展的积极性、主动性和创造性，有利于增强地方经济社会活力。总之，要统筹兼顾，既维护中央权威，又照顾地方利益，发挥好两个积极性，合理把握中央和地方财政分配关系的黄金分割点。

### 三、坚持兼顾效率与公平

效率与公平是不可分割、辩证统一的关系，任何社会都要协调平衡好，这在我国将长期处于社会主义初级阶段的情况下尤为重要。党的十八大报告提出，"初次分配和再分配都要兼顾效率和公平，再分配更加注重公平"；党的十八届三中全会要求让市场在资源配置中发挥决定性作用，推动资源配置依据市场规则、市场价格、市场竞争实现效益最大化和效率最优化，同时要求更好地发挥政府的作用，包括保持宏观经济稳定，加强和优化公共服务，保障公平竞争，加强市场监管，促进共同富裕等。深化财税体制改革必须处理好效率与公平的关系，在提高效率的基础上更加注重公平，以促进社会公平正义、增进人民福祉为出发点和落脚点，让发展成果更多更公平地惠及全体人民。财税体制改革过程中，既要注重健全资本、知识、技术、管理等由要素市场决定的报酬机制，保障各类企业权利平等、机会平等、规则平等，使劳动者从各类企业中获得更多就业机会和稳定的收入，提高资源配置和使用效率；也要完善以税收、社会保障、转移支付为主要手段的再分配调节机制，增加低收入者收入，扩大中等收入者比重，努力缩小收入分配差距，激发人民群众的创业创富活力，藏富于民，从而进一步提高效率。

## 四、坚持统筹当前与长远利益

改革是发展的动力，是实现经济长期稳定的基础，而经济持续健康发展，又是推进各项改革的必要前提条件。深化财税体制改革必须围绕稳增长、调结构、防风险、惠民生等重大任务，着力解决影响当前经济社会发展的突出矛盾，回应人民群众的所见所盼、所忧所虑。如在"营改增"改革中，2013 年将交通运输业和部分现代服务业试点扩大到全国，虽然对于财政来说是减收，相应减轻企业税负约 1200 亿元，却有力地促进了服务业发展和产业结构优化。财税体制改革还要着眼长远，善于战略谋划，切实增强财政可持续性，推进构建有利于以人为本的科学发展体制机制，以体制创新为经济社会持续健康发展扫清障碍，为实现"两个一百年"奋斗目标提供制度保障。比如，财政保障改善民生，既要花钱，更重要的是健全机制，甚至要花钱买机制，使资金使用更有效率、更可持续。改革要从底线思维和可持续发展的角度出发，既考虑当前、更重视长远，对各个具体改革方案进行风险评估，充分考虑经济社会发展的承受能力，力争将各方面风险和阻力降到最小，避免经济大起大落，确保改革顺利实施并取得预期效果。

## 五、坚持总体设计和分步实施相结合

深化财税体制改革，既要加强顶层设计，方案设计要一步到位，"一张蓝图绘到底"，围绕难点、关键点、关注点，总结以往成功经验，借鉴国外通行做法，把财税体制改革的细节研究清楚、思考透彻，明确改革逻辑顺序、主攻方向，增强改革的整体性、系统性、协调性；又要在具体实施中分步推进，清晰制定各项改革的路线图和时间表，准确把握各项改革措施出台的时机、力度和节奏，确保改革的协同、稳健和实效。要立足实际、积极稳妥，处理好改革、发展、稳定的关系。对于方向明、见效快、条件已经具备的改革，要加快推进，如增值税改革、预算管理制度改进等；对于一些制度建设性改革事项，要加强研究、尽快启动，如消费税、资源税改革等，确保改革取得实效；对于涉及面广、认识不深入的，要积极探索、凝聚共识，抓紧提出改革方案，如房地产税改革、中央和地方事权划分等。坚持加强顶层设计和灵活分步实施的辩证统一，推进局部的阶段性改革要在加强顶层设计的前提下进行，加强顶层设计要在总结局部阶段性改革经验的基础上来谋划，该尽早推进的不要拖延，该试点的不要仓促全面开展，该深入研究后再推进的不要急于求成，该先得到法律授权的不要超前推进，避免一哄而上，这样才能不断把改革引向深入。

## 六、坚持协同推进财税与其他改革

全面深化改革涉及面广，对推进改革的系统性、整体性、协同性的要求大大提高，要注重改革的关联性和耦合性，把握全局，注意协调，力争最大综合效益，避免畸轻畸重、顾此失彼、各行其是、相互掣肘。新一轮财税体制改革是全面深化改革的基础和支撑，与其他改革关联性、互动性明显增强，必将对其他改革产生积极影响。同时，进一步深化财税体制改革也迫切需要统筹推进经济、政治、文化、社会、生态文明等其他领域改革，这些方面的改革也离不开政府财力的支持。牵住了财税体制改革这个"牛鼻子"，有利于促进其他领域深层次矛盾的化解，影响和带动各方面改革。因此，既要充分发挥财税体制改革作为整体改革突破口和基础支撑作用，统筹推进其他改革；又要使财税体制改革与其他改革相互衔接、相互协调，在实施过程中相互促进，做大改革正向矢量，在改革成效上相得益彰，产生共振效果，全面推进各项改革。

# 第四节　深化财税体制改革的主要任务

新一轮财税体制改革突出依法治国、依法执政、依法行政要求，强调法律授权、完善财税立法，坚持依法理财、依法治税，着力建设统一完整、法制规范、公开透明、运行高效，有利于建立优化资源配置、维护市场统一、促进社会公平、实现国家长治久安的现代财政制度，为现代国家治理提供基础和支撑。主要围绕"改进预算管理制度、完善税收制度、建立事权和支出责任相适应的制度”这三大任务积极有序地推进。

一、改进预算管理制度，加快建立全面规范、公开透明的现代预算制度

（一）建立透明预算制度

推进预决算公开，除涉密信息外，所有使用财政资金的部门均应公开本部门预决算，尤其是财政资金安排的“三公”经费要全部公开。除涉密信息外，政府预决算支出全部细化公开到功能分类的项级科目，专项转移支付预决算公开到具体项目和地区，部门预决算逐步公开到基本支出和项目支出，按经济分类公开政府预决算和部门预决算。适应预算公开要求，健全预算标准体系。

（二）完善政府预算体系

清理规范重点支出同财政收支增幅或生产总值挂钩事项，一般不采取挂钩方式。对重点支出根据推进改革需要和确需保障的内容统筹安排、优先保障，不再采取先确定支出总额再安排具体项目的办法。结合税费改革和法规修订，逐步取消城市维护建设税、排污费、探矿权和采矿权价款、矿产资源补偿费等专款专用的规定，统筹安排这些领域的经费。政府收支全部纳入预算管理。政府预算体系要定位清晰、分工明确。建立政府性基金预算中统筹使用部分列入一般公共预算的机制，加大政府性基金预算、国有资本经营预算与一般公共预算的统筹力度，提高政府统筹能力。加强社会保险基金预算管理。

（三）改进年度预算控制方式

公共预算审核的重点由平衡状态、赤字规模向支出预算和政策拓展。各级政府向本级人大报告支出预算的同时，要重点报告支出政策内容。科学预测收入预算，强化依法征税。中央公共预算因宏观调控政策需要可编列赤字，国债余额限额报全国人大或其常委会批准。经国务院批准，地方一般公共预算内可以举借用于无收益的公益性事业发展的一般债务，债务余额总限额由国务院确定并报全国人大批准。政府性基金预算按照以收定支的原则，根据政府性基金项目的收入情况和实际支出需要编制；经国务院批准，地方政府性基金预算内可以举借用于有收益的公益性事业发展的专项债务，但须报本级人大或其常委会批准。国有资本经营预算按照收支平衡的原则编制，不列赤字。

建立跨年度预算平衡机制。中央公共预算如出现超收，用于冲减赤字、补充预算稳定调节基金；如出现短收，通过调入预算稳定调节基金、削减支出或增列赤字实现平衡；如增列赤字，须在经全国人大审定的国债余额限额内发债弥补。地方公共预算如出现超收，用于化解政府债务或补充预算稳定调节基金；如出现短收，通过调入预算稳定调节基金或其他预算资金、削减支出实现平衡。省级政府报本级人大或其常委会批准后可以增列赤字，并在下一年度预算中予以弥补，市、县政府可以通过申请上级政府临时救助实现平衡，并在下一年度预算中归还。政府性基金预算和国有资本经营预算如出现超收，结转下年安排；如出现短收，通过削减支出实现平衡。

实行中期财政规划管理。财政部门会同各部门研究编制三年滚动财政规划,注重勤俭节约、开源节流,对规划期内一些重大改革、重要政策和重大项目,研究政策目标、运行机制和评价办法。强化三年滚动财政规划对年度预算的约束,各部门规划中涉及财政政策和资金支持的,要与三年滚动财政规划相衔接。

（四）完善转移支付制度

完善一般性转移支付增长机制,增加一般性转移支付规模和比例;明显增加对革命老区、民族地区、边疆地区和贫困地区的转移支付。清理、整合、规范专项转移支付。对竞争性领域专项转移支付逐一甄别排查,凡属"小、散、乱"以及效用不明显的坚决取消,其余需要保留的也要予以压缩或实行零增长,并改进分配方式,引入市场化运作模式。完善中央对地方转移支付管理办法,规范专项转移支付项目设立,严格控制新增项目和资金规模,建立健全专项转移支付定期评估和退出机制,逐步取消地方资金配套。研究建立财政转移支付同农业转移人口市民化挂钩机制。在明确中央和地方支出责任的基础上,认真清理现行配套政策。

（五）加强预算执行管理

硬化预算约束,年度预算执行中除救灾等应急支出通过动支预备费解决外,一般不出台增加当年支出的政策,一些必须出台的政策,通过以后年度预算安排资金。不同预算科目、预算级次或者项目间的预算资金需要调剂使用的,按照财政部门的规定办理。加快转移支付预算下达进度。加强财政结转结余资金管理。

规范国库资金管理。各地一律不得新设专项支出财政专户；除财政部审核并报国务院批准予以保留的专户外，其余专户在两年内逐步取消。完善国库现金管理，合理调节国库资金余额。规范权责发生制核算范围。规范和清理财政借垫款。健全预算绩效管理机制，绩效评价重点由项目支出拓展到部门整体支出和政策、制度、管理等方面，评价结果作为调整支出结构、完善财政政策和科学安排预算的重要依据。各级党委、政府及所有预算单位都必须严肃财经纪律，严格财政资金分配使用的监督问责，严厉查处违法违规行为。

（六）规范地方政府债务管理

依法建立规范的地方政府举债融资机制，剥离融资平台公司政府融资职能。对地方政府债务规模实行限额控制，分类纳入预算管理。严格限定政府举债程序和资金用途，地方政府在国务院批准的分地区限额内举债必须报本级人大或其常委会批准，债务只能用于公益性资本支出和适度归还存量债务，不得用于经常性支出。建立债务风险预警及化解机制，防范和化解债务风险。推行权责发生制的政府综合财务报告制度，建立考核问责机制和地方政府信用评级制度。

（七）全面规范税收优惠政策

按照统一税制、公平税负、促进公平竞争的原则，除专门的税收法律、法规和国务院规定外，各部门起草其他法律、法规、发展规划和区域政策都不得突破国家统一财税制度，规定税收优惠政策；未经国务院批准，各地区、各部门不能对企业规定财政优惠政策。各地区、各部门要对已经出台的税收优惠政策进行规范，违反法律法规和国务院规定的一律停止执行；没有法律法规障碍且具有推广价值的，尽快在全国范围内实施；有明确时限的到期停止执行，未明确时限的应设定优惠政策实施时限。建立税收优惠政策备案审查、定期评估和退出机制，加强考核问责，严惩违法违规行为。

## 二、完善税收制度，建立有利于科学发展、社会公平、市场统一的税收制度体系

### （一）推进增值税改革

按照税收中性原则，建立规范的消费型增值税制度。全面实行"营改增"，将"营改增"范围逐步扩大到生活服务业、建筑业、房地产业、金融业等各个领域。"十二五"时期完成营改增的改革目标，相应废止营业税制度。优化增值税税率，将四档税率简并为三档或两档税率。适时完成增值税立法。

### （二）完善消费税制度

进一步发挥消费税对高耗能、高污染产品和部分高档消费品的调节作用。调整征收范围、部分税目征收环节及部分税目税率。消费税的立法权、税种开征停征权、品目税率（幅度）调整权、减免税权等归中央。选择具有较强地域特点的部分税目，赋予省级政府一定的税政管理权。

### （三）加快资源税改革

在全国范围内实施煤炭资源税从价计征改革，加快推进除原

油、天然气外其他资源品目的资源税从价计征改革。扩大资源税从价计征范围，逐步扩展到占用或开发水流、森林等自然生态空间。

（四）建立环境保护税制度

加快环境保护税立法，对大气污染物、水污染物、固体废物、噪声以及二氧化碳排放等开征环境保护税。将排放量作为主要计税依据。综合考虑现行排污费收费标准、实际治理成本、环境损害成本和收费实际情况等因素设置税率。合理设置税收优惠。

（五）加快房地产税立法并适时推进改革

加快推进房地产税立法，统筹考虑税收与收费等因素，合理设置房地产建设、交易和保有环节的税负水平，在保障基本居住需求的基础上，对所有经营性房地产和个人住房统一开征房地产税，按房地产评估价值确定计税依据。改革后，房地产税将逐步成为地方政府持续稳定的财政收入来源和县（市）级主体税种，促进建立房地产市场健康发展的长效机制。

（六）逐步建立综合与分类相结合的个人所得税制度

加快构建个人所得税改革的征管配套条件，逐步建立健全综合与分类相结合的个人所得税制度。合并部分税目。完善税前扣除，在合理确定综合所得基本减除费用标准的基础上，适时增加专项扣除项目。优化税率结构，以现行个人所得税法规定的税率结构为基础，适度调整边际税率，合理确定综合所得适用税率。改进征管方式。

（七）全面修订税收征管法

加快构建面向自然人的税收管理服务体系和第三方涉税信息报告制度，从法律框架、制度设计、资源配置等方面，充分体现自然人作为直接纳税主体的要求，逐步实现法人、非法人机构、自然人之间税收征管的均衡布局，确保税务部门依法有效实施征管。

## 三、调整中央和地方政府间财政关系，建立事权和支出责任相适应的财政体制

进一步明确中央和地方事权与支出责任，在保持中央与地方收入格局大体不变的前提下，合理调整中央和地方收入划分，逐步提高中央本级支出占全国财政支出的比重。

（一）进一步理顺中央和地方收入划分

保持现有中央和地方收入格局总体稳定，中央收入占50%左右。遵循公平、便利、效率等原则，考虑税种属性和功能，将收入波动较大、具有较强再分配作用、税基分布不均衡、税基流动性较大的税种划为中央税，或中央分成比例多一些；将地方掌握信息比较充分、对本地资源配置影响较大、税基相对稳定的税种划为地方税，或地方分成比例多一些。具体相关税种中央与地方分享比例根据税制改革的各税种收入情况进一步确定。

（二）合理划分各级政府间事权与支出责任

立足于建立现代财政制度，在转变政府职能、合理界定政府与市场边界的基础上，充分考虑公共事项的受益范围、信息的复

杂性和不对称性以及地方的自主性、积极性，合理划分中央、地方事权划分和支出责任。将国防、外交、国家安全、关系全国统一市场规则和管理的事项集中到中央，减少委托事务，通过统一管理，提高全国公共服务水平和效率；将区域性公共服务明确为地方事权；明确中央与地方共同事权。在明晰事权的基础上，进一步明确中央和地方的支出责任。中央可运用转移支付机制将部分事权的支出责任委托地方承担。

新一轮财税体制改革，从逻辑看，预算管理制度改革是基础、要先行；收入划分改革需在相关税种税制改革基本完成后进行；而建立事权与支出责任相适应的制度需要量化指标并形成有共识的方案。整体改革任务重、难度大、时间紧。2014年和2015年两年是关键，预算制度改革要取得决定性进展，税制改革要在立法、推进方面取得明显进展，财政体制改革要基本达成共识。2016年基本完成深化财税体制改革的重点工作和任务，到2020年各项改革基本到位，现代财税制度基本建立。

# 第四章　建立全面规范、公开透明的现代预算制度

　　预算制度改革是深化财税体制改革的首要内容，目标是建立起全面规范、公开透明的现代预算制度，这有利于强化预算约束、规范政府行为、实现有效监督，把权力关进制度的笼子。

## 第一节　建立透明预决算制度

　　预决算公开是政务公开的重要内容，是预算管理制度改革的核心要素，是现代财政制度的基本特征和公共财政的本质要求，是国家治理体系和治理能力现代化的重要动力。

### 一、建立透明预决算制度的重大意义

　　公开透明是现代财政制度的基本特征，预决算公开在本质上就是政府行为的透明，是建设阳光政府、责任政府的需要，也是

推进依法行政、防范财政风险的需要。

（一）有利于依法行政、规范政府行为，建设法治政府

党的十八届四中全会明确提出"深入推进依法行政、加快建设法治政府"。推进预决算信息公开，建立公开透明的预算制度，有利于让政府接受社会监督，控制政府权力边界，规范政府权力运行，促进政府部门更加自觉地依法理财、依规决策，有利于政府依法行政、建设法治政府。从国际经验看，20 世纪 90 年代以来，在经济金融全球化加速发展的背景下，许多国家开始将政府公共治理的重点转向公开预算和提升预算透明度，并通过专门的立法来规定政府必须公开披露所要求的财政预算信息，我国也在新的《中华人民共和国预算法》中作了规定。建立公开透明的预决算制度，成为我国各级政府的法定义务和建设法治政府的必然要求。

（二）有利于优化国家治理、促进科学决策，完善现代财政制度

实施全面规范、公开透明的预算制度是建立现代财政制度的重要内容。以建立现代财政制度为导向的预算管理改革，目的是通过公开、公平、公正的规范管理，提高预算管理水平。从一般规律看，预算管理改革大致都要经历三个阶段：第一阶段以合规性为目标，即是否遵循预算；第二阶段以效率为目标，即实行产出和结果导向；第三阶段以质量为目标，即强调公众满意度。目前我国已基本完成第一阶段的发展任务，后续第二阶段的效率目标和第三阶段的质量目标，都以预算透明为必然方向。公开财政

预算政策、预算制度、预算管理程序、预算资金分配过程和结果、预算收支等信息，将公开透明贯穿预算改革管理全过程，可以更好地提高政府预算效率和质量，提高政府决策的规范性和科学性，对推进国家治理体系和治理能力现代化具有重要意义。

（三）有利于增强公众监督、防范财政风险，从源头上预防和治理腐败

政府预算透明是实现财政民主监督、有效监督的基本前提，也是公众行使知情权的基础。建立透明预决算制度，将财政资金的来龙去脉、支出政策及支出效果一目了然地公开，能够充分发挥预算公开透明对政府部门的监督和约束作用，为公众更好地参与国家治理提供便利条件。有利于通畅人民群众的监督渠道，保障公民的知情权、参与权和监督权，避免预算资金分配的随意性，推动政府进一步管好"钱袋子"，防止"暗箱操作"，减少寻租行为。这有利于从源头上预防和治理腐败、推进廉洁政府建设。

（四）有利于把政府的政策意图和激励方向告知社会，合理引导经济社会主体的预期和行为

公共财政资金取之于民、用之于民，目的是为满足社会公共需要和公共利益而提供公共产品和服务。建立透明预决算制度，让公众全面了解政府的财政收支状况和施政决策情况，大家看得见、看得清、看得懂，这是重塑公众政治生活、提高政府公信力的重要途径，有利于民众更好地了解政府活动的前因后果和政策意图，赢得民众对政府的信任和支持，增强政府公信力，提高执

政权威性。同时，通过预算公开让公众了解政府的宏观经济政策，也有利于引导和稳定企业等经济社会主体的预期，从总体上改善资源配置效率，提高公共产品和服务的质量。

## 二、透明预决算制度改革的总体思路

### （一）指导思想

全面贯彻落实党的十八大和十八届三中、四中全会精神，按照政府信息公开条例和全面深化财税体制改革的总体要求，将公开透明贯穿预算改革和管理全过程，进一步扩大公开范围、细化公开内容、完善公开机制。通过公开推动建立和完善现代预算制度，进一步规范政府行为，防范财政风险，实现有效监督，推进国家治理体系和治理能力现代化。

### （二）基本原则

1. 全面公开。建立透明预决算制度，首先要遵循"公开是原则，不公开是例外"的原则。除涉密内容外，所有涉及财政资金的情况都要公开，包括财税政策、预决算管理制度、预算收支安排、预算执行情况、决算情况、绩效评价等。

2. 强化责任。建立透明预决算制度，要不断强化各级各部门的责任意识，明确预算公开是各级政府应当依法履行的义务。各级各部门应当依法主动公开预算信息，积极推进本地区和本部门预算公开工作。上级财政部门加强指导和督促，上下联动，共同推动预算公开。同时强化问责，对于未依法公开预算信息的部门和单位，要对负有直接责任的人员追究行政责任。

3. 促进改革。建立透明预决算制度，要与其他改革措施相配套、相协调。高度关注预算公开过程中的舆情反映，主动释疑解惑，对预算公开中发现的问题及时检查整改。以预算公开为抓手，促进预算管理制度改革，加快建立全面规范、公开透明的预算管理制度。

（三）总体要求

一是细化政府预决算公开内容。除涉密信息外，政府预决算支出全部细化公开到功能分类的项级科目，专项转移支付预决算按项目按地区公开。二是扩大部门预决算公开范围。除涉密信息外，中央和地方所有使用财政资金的部门均应公开本部门预决算。三是细化部门预决算公开内容。逐步将部门预决算公开到基本支出和项目支出。四是按经济分类公开政府预决算和部门预决算。五是加大"三公"经费公开力度，细化公开内容，所有财政资金安排的"三公"经费都要公开。六是积极推进财政政策公开。

## 三、透明预决算制度改革的主要内容

此次改革，要在目前中央和地方财政预算公开、中央部门预决算公开、"三公"经费公开等已取得进展的基础上，进一步做好以下透明预决算改革：

（一）政府预决算公开

各级财政部门应该及时公开经本级人大批准的政府预算报告及报表，经本级人大常委会批准的预算调整、决算、预算执行情况报告及报表，并对本级政府举借债务情况作出说明。按月公开本地区财政收支月度执行情况和累计执行情况。公开的报表应当涵盖一般公共预算（即公共财政预算）、政府性基金预算、国有资本经营预算、社会保险基金预算。除涉密内容外，政府预决算应全部细化公开到支出功能分类项级科目。在此基础上，逐步将本级一般公共预决算细化公开到支出经济分类。

（二）部门预决算公开

加大部门预决算公开力度，各部门公开经本级财政部门批复的本部门预决算，"三公"经费财政拨款总额和分项数额。公开的内容包括本部门和所属单位的收支情况、财政资金安排和使用情况、机关运行经费安排和使用情况、资产增减变化情况，以及本部门职责、机构设置情况，并对专业性较强的名词进行解释。其中，"三公"经费决算要公开说明因公出国（境）团组数及人数，公务用车购置数及保有量，国内公务接待的批次、人数、经费总额，以及"三公"经费增减变化原因等信息。除涉密内容外，部门预决算全部细化公开到支出功能分类项级科目。在此基础上，逐步将部门预决算按基本支出和项目支出公开，并进一步细化公开到支出经济分类。

（三）专项转移支付公开

各级财政部门公开由本级预算安排的专项转移支付预决算。除涉密内容外，公开专项转移支付项目名称及预算安排情况、管理办法、分配结果，预算执行及决算情况。在此基础上，将本级预算安排的专项转移支付按地区公开。

（四）基层民生支出公开

在全面公开预决算的基础上，基层政府负责分配专项支出的各部门和单位，要另行单独公开本部门分配的专项支出情况，重点是与人民群众利益密切相关的教育、医疗卫生、社会保障和就业、住房保障和"三农"等专项支出，内容包括上级政府下达的转移支付资金和本级政府安排的专项资金。

县（市）级政府负责分配专项支出的各部门和单位，要重点公开本部门分配的专项支出的项目、资金管理办法、资金来源、分配标准以及到乡（镇）、部门的分配结果。乡（镇）级政府负责分配专项支出的各部门和单位，要重点公开本部门分配的专项支出项目和政策、资金来源、发放标准、发放形式等，并重点反映到人（户）、到项目的分配结果。对于分配到人（户）的专项支出，要通过政府门户网站、乡镇服务大厅、社区（村组）公示栏等，将分配到人（户）的姓名、地址、金额等情况详细公开；对于分配到项目的专项支出，要在施工场所外利用公告栏、公示牌等公开工程概算、资金来源以及施工单位等信息。

（五）地方政府债务公开

积极推进各级地方政府债务情况公开，包括政府债务余额变动、债务举借及还本付息、债务资金用途、土地收储及出让、资产抵质押、政府担保承诺、风险控制等情况。结合权责发生制政府综合财务报告制度改革工作，逐步全面公开地方政府资产负债状况、收入费用情况等。公开的政府债务情况包括本部门及所属单位的政府债务余额变动，债务期限结构及融资成本，债务资金投向及债务收支，债务项目现金流及形成的资产，还本付息、还款计划及偿债资金来源，资产抵质押、担保承诺及债务单位主要财务指标等。

（六）预算绩效信息公开

结合预算绩效管理工作实际进展，逐步把绩效目标作为部门预算编制的重要内容，随同部门预算公开。把预算绩效情况作为预算执行结果的组成部分，随同部门决算公开。对纳入绩效评价范围的预算支出，尤其是一些社会关注度高、影响力大的民生项目和重点项目支出，将绩效评价结果及相应的绩效报告、绩效评价报告等绩效信息及时公开。

（七）财税政策和规章制度公开

除涉密内容外，积极公开已经出台的财政和税收发展战略、方针政策以及其他重要政策，已经发布的财政、财务、会计管理法规规章，以及各类实施细则、管理办法等规范性文件，财政工作中具有普遍指导意义或涉及公众、企业和社会利益的文件，以及部门预算编制、财政国库管理、政府采购、非税收入征收使用管理、会计管理和财政监督等方面的各项财政管理制度。

## 四、透明预决算制度改革的保障措施

（一）规范工作程序

主动公开范围内的预算信息，自预算信息形成或变更之日起20日内，由制作或保存该预算信息的部门或单位，通过政府公报、政府网站、新闻发布会以及报刊、广播、电视等方式公开。

同时要完善预算公开工作机制，明确公开的主体、时间、方式和原则，确保预算公开积极稳妥推进。

（二）做好保密审查

保密审查是预算公开的重要环节。按照《中华人民共和国保守国家秘密法》以及其他法律法规和国家有关规定，做好保密审查工作，凡是属于国家秘密的预算信息，不得公开；对于主要内容需要公众广泛知晓或参与，但其中部分内容涉及国家秘密的预算，应经法定程序解密并删除涉密内容后公开。

（三）回应社会关切

公开预决算信息的部门和单位，对一些涉及财税政策、规章制度的专业名词，应该作出详细的解释说明，对预算公开过程中社会普遍关注的问题及时主动回应，方便公众理解。

（四）严肃公开纪律

预算公开是各部门和单位应当依法履行的义务，各级财政部门应督促本地区部门和单位主动公开预算信息，加大预算公开考核力度，建立健全定期考评机制。

# 第二节　完善政府预算体系

现代财政制度的一个基本前提是全口径预算，政府收支全部纳入预算管理，全面反映政府收支总量、结构和管理活动，实现预算体系的完整统一。

## 一、政府预算的基本概念

政府预算是经法定程序审核批准的，具有法律效力的政府年度财政收支计划。市场经济体制下的政府预算，一般具有法定性、公开性、完整性、年度性等主要特征。法定性是指政府预算一般都由政府编制，并依照法定程序报国家权力机关批准。预算一经权力机关批准，即成为具有法律约束力的文件，执行机关必须照此执行，非经法定程序不得改变。公开性是指政府预算的编制和执行是透明的、受公众监督的。政府虽然是预算编制和执行的主体，但本质上是公众的"受托人"，因此政府预算必须向公众公开。完整性是指所有政府收支都应在政府预算中得到反映，也就是说，政府预算要全面反映政府活动的范围和方向。年度性是指政府预算是按年度进行编制的。从实际情况看，各国预算年度的起讫日期并不完全相同，预算年度也并不一定等同于自然年度。如美国联邦政府的预算年度为每年 10 月 1 日到下年的 9 月 30 日。随着预算管理的加强和财政经济预测能力的提高，部分国家在编制年度预算的基础上，也编制中期财政预算。

与我国行政体制相适应，《中华人民共和国预算法》规定政府预算共分五级，分别是中央，省、自治区、直辖市，设区的市、自治州，县、自治县、不设区的市、市辖区，乡、民族乡、镇五级预算。不具备设立预算条件的乡、民族乡、镇，经省、自治区、直辖市政府确定，可以暂不设立预算。国务院编制中央预算草案，并由全国人民代表大会批准后执行；地方各级政府编制本级预算草案，并由同级人民代表大会批准后执行。地方各级预算收支统称为地方财政收支。

新修订的《中华人民共和国预算法》规定各级人民代表大会、人民政府和财政部门在预算管理中承担着不同的职责。各级人民代表大会及其内设机构拥有的预算管理职权是：审查本级总预算草案及本级总预算执行情况的报告，批准本级预算和本级预算执行情况的报告，改变或撤销本级人民代表大会常务委员会关于预算、决算的不适当的决议，撤销本级政府关于预算、决算的不适当的决定和命令。

各级人民代表大会常务委员会拥有的预算管理职权是：监督本级总预算的执行，审查和批准本级预算的调整方案，审查和批准本级政府决算，撤销本级政府关于预算、决算的不适当的决定和命令，撤销下一级人民代表大会及其常务委员会关于预算、决算的不适当的决定和命令。

各级人民代表大会财政经济委员会或有关专门委员会的预算管理职权是：对本级预算草案初步方案及上一年预算执行情况、本级预算调整初步方案和本级决算草案进行初步审查，提出初步审查意见。

各级人民政府的预算管理职权是：编制本级预算、决算草案，向本级人民代表大会作关于本级总预算草案的报告，将下一级政府报送备案的预算汇总后报本级人民代表大会常务委员会备案，组织本级总预算的执行，决定本级预算预备费的动用，编制本级预算的调整方案，监督本级和下级政府各部门关于预算、决算的不适当的决定和命令，向本级人民代表大会及其常务委员会报告本级总预算的执行情况。

各级政府财政部门的预算管理职权是：具体编制本级预算、决算草案，具体组织本级总预算的执行，提出本级预算预备费动用方案，具体编制本级预算的调整方案，定期向本级政府和上一级政府财政部门报告本级总预算的执行情况。

## 二、我国政府预算体系现状

新中国成立以来，我国政府的预算体系随着经济社会发展、政府职能范围调整而相应变化，大致经历了单式预算和复式预算两个阶段。从1949年到1991年，与计划经济体制相对应，政府预算体系一直实行单式预算。从1991年颁布的《国家预算管理条例》开始，国家预算按照复式预算编制，分为经常性预算和建设性预算两部分。中央财政自1992年开始试编经常性预算和建设性预算，1995年颁布的《中华人民共和国预算法实施条例》进一步明确"各级政府预算按照复式预算编制，分为政府公共预算、国有资产经营预算、社会保障预算和其他预算"，政府预算体系趋于完善。

1996年，国务院印发《国务院关于加强预算外资金管理的决定》，明确将公路养路费、车辆购置附加费、铁路建设基金等13项数额较大的基金纳入财政预算管理，基金收支在预算上单独编列反映，按规定专款专用，不能挪作他用，也不能平衡预算。同年，财政部印发了《政府性基金预算管理办法》，初步构建了政府性基金预算制度框架。2007 年，国务院印发《国务院关于试行国有资本经营预算的意见》，明确 2007 年进行国有资本经营预算试点，并从 2008 年开始实施中央国有资本经营预算，标志着我国国有资本经营预算制度正式建立。2010 年，国务院印发《国务院关于试行社会保险基金预算的意见》，明确要求从 2010 年起编制社会保险基金预算，并先行将企业职工基本养老保险基金、失业保险基金、城镇职工基本医疗保险基金、工伤保险基金、生育保险基金五项基金纳入预算管理范围，标志着我国社会保险基金预算制度正式建立。同年，财政部印发《关于将按预算外资金管理的收入纳入预算管理的通知》，明确从 2011 年 1 月 1 日起，将按预算外资金管理的收入全部纳入预算管理。至此，财政收支全部纳入预算管理，并初步形成了一般公共预算、政府性基金预算、国有资本经营预算和社会保险基金预算并存的政府预算体系。

（一）一般公共预算

一般公共预算是政府预算体系的基础，是政府凭借国家政治权力，以社会管理者身份筹集的，以税收为主体的财政收入，用于提供公共产品和服务、满足社会公共需要的收支预算。主要包括税收收入、行政事业性收费、国有资源（资产）有偿使用收入、转移性收入和其他收入。其中，税收收入是政府依照税法规定取得的收入，是一般公共收入的主要形式。行政事业性收费是国家机关、事业单位、代行政府职能的社会团体及其他组织根据法律、行政法规、地方性法规等有关规定，依照国务院规定程序批准，在向公民、法人提供特定服务的过程中，按照成本补偿和非营利原则向特定服务对象收取的费用。国有资源（资产）有偿使用收入是有偿转让国有资源（资产）使用权而取得的收入。2013 年全国一般公共收入决算数为 129209.64 亿元，包括税收收入 110530.7 亿元、占 85.5%，非税收入 18678.94 亿元、占 14.5%。非税收入包括专项收入 3528 亿元、行政事业性收费 4776 亿元、罚没收入 1659 亿元、其他收入 8715 亿元。

一般公共支出主要用于维持国家正常行使行政职能、保障国家安全、保障和改善民生等方面。2013 年全国一般公共支出决算数为 140212.1 亿元，主要项目包括：一般公共服务 13755.13 亿元、国防 7410.62 亿元、公共安全 7786.78 亿元、教育 22001.76 亿元、社会保障和就业 14490.54 亿元、医疗卫生 8279.9 亿元、城乡社区事务 11165.57 亿元、农林水事务 13349.55 亿元、交通运输 9348.82 亿元等。

（二）政府性基金预算

政府性基金预算是政府通过向社会征收基金、收费，以及出让土地、发行彩票等方式取得收入，专项用于支持特定基础设施建设和社会事业发展等方面的收支预算。20 世纪八九十年代，为缓解基本建设资金短缺，陆续设立了一些政府性基金项目。经过清理规范，保留下来的项目纳入政府性基金预算。按照《2013 年政府收支分类科目》确定的政府性基金收支范围，2013 年纳入政府性基金预算的资金共 45 项，包括农网还贷资金、山西省煤炭可持续发展基金、铁路建设基金、民航发展基金、地方教育附加收入、国有土地使用权出让金收入、转让政府还贷道路收费权收入等，2013 年全国政府性基金预算收入决算数为52268.75 亿元。

政府性基金预算按"以收定支、专款专用、收支平衡、结余结转下年安排使用"的基本原则编制，支出根据收入情况安排，自求平衡，不编制赤字预算。各项基金按规定用途安排，主要是为特定公共事业发展提供稳定的资金来源，支持重大基础设施建设、加强经济社会发展的薄弱环节和促进战略性新兴产业发展，不调剂使用。当年基金收入不足的，可使用以上一年度结余安排当年支出；当年基金收入超过支出的，结余资金可结转下一年度安排使用。

（三）国有资本经营预算

国有资本经营预算是国家以所有者身份依法取得国有资本收益，并对所得收益进行分配而发生的收支预算。建立国有资本经营预算制度的主要目的，是规范国家与国有企业分配关系，增强政府宏观调控能力，完善政府预算管理体系，继续深化国有企业改革，推进国有经济结构和布局的调整，集中解决国有企业发展中的体制性、机制性问题。2013 年全国国有资本经营预算收入决算数为 1713.36 亿元，其中：利润收入 1288.08 亿元，股利、股息收入 123.67 亿元，产权转让收入 141.83 亿元，清算收入6.11 亿元，其他国有资本经营收入 153.67 亿元。全国国有资本经营预算支出决算数为 1561.52 亿元，其中：资本性支出1230.54 亿元，费用性支出 172.38 亿元，其他支出 158.6 亿元。

国有资本经营预算制度实施以来，已经取得了积极进展。一是中央国有资本经营预算实施范围逐步扩大。目前，纳入实施范围的一级企业共799户，包括国资委监管中央企业（113户）和财政部履行出资人职责的中国烟草总公司、中国邮政集团公司、中央文化企业以及教育部、农业部、体育总局、卫生计生委、新闻出版广电总局、工业和信息化部、民航局、国资委、贸促会等中央部门和单位所属企业。二是中央企业国有资本收益收取比例逐步提高，已从最初的10%、5%、免收三档，逐步提高到25%、20%、15%、10%和免收五档。三是地方国有资本经营预算编制工作稳步推进。截至2013年年底，北京、天津等35个省（自治区、直辖市、计划单列市）及山东、湖北等18个省（自治区、直辖市）的180个地市开展了国有资本经营预算工作。

（四）社会保险基金预算

2010年以后，社会保险基金预算开始在全国范围内试编，取得积极进展。一是编报范围全面覆盖，社会保险法规定的所有社会保险基金已全部纳入编制范围，确保了社会保险基金预算的完整性。二是管理机制逐步健全，初步形成了"财政牵头、部门配合、沟通协商、共同推进"的预算编报工作机制，从编制、审核到报送等各个环节相互衔接，确保了编制工作的顺利开展。三是编报时间大大提前，目前的编制时间已与公共财政预算大体一致，增强了社会保险基金预算的计划性和指导性。四是执行管理逐步强化，坚持预算编制与执行并重，推动建立社会保险基金预算执行分析报告制度，促进了社会保险基金预算编制与执行之间的衔接，提高了预算约束力和管理规范性。

2013 年全国社会保险基金收入 35993.58 亿元，其中：保险费收入 27021.99 亿元、财政补贴收入 7425.76 亿元、利息收入 846.95 亿元。分险种收入情况为：企业职工基本养老保险基金收入 20790.19 亿元、失业保险基金收入 1277.75 亿元、城镇职工基本医疗保险基金收入 6873.29 亿元、工伤保险基金收入 590.65 亿元、生育保险基金收入 361.86 亿元、居民社会养老保险基金收入 2173.10 亿元、居民基本医疗保险基金收入 3926.74 亿元。2013 年全国社会保险基金支出 28743.93 亿元。收支相抵，全国社会保险基金当年收支结余 7249.65 亿元，截至 2013 年年底累计滚存结余 44884.08 亿元。

## 三、完善政府预算体系的制度安排

### （一）总体思路

完善政府预算体系，主要是明确一般公共预算、政府性基金预算、国有资本经营预算、社会保险基金预算的收支范围，建立定位清晰、分工明确的政府预算体系，政府的收入和支出全部纳入预算管理。加大政府性基金预算、国有资本经营预算与一般公共预算的统筹力度，建立将政府性基金预算中应统筹使用的资金列入一般公共预算的机制，加大国有资本经营预算资金调入一般公共预算的力度。加强社会保险基金预算管理，做好基金结余的保值增值，在精算平衡的基础上实现社会保险基金预算的可持续运行。

（二）具体措施

1. 将政府性基金预算中应统筹使用的资金列入一般公共预算。2015 年先将政府性基金中用于提供基本公共服务以及主要用于人员和机构运转支出的资金列入一般公共预算，同时盘活存量资金，研究将政府性基金中结转结余较多的资金，定期或定额调入一般公共预算。

2. 加强政府性基金预算与一般公共预算的统筹使用。对规范后的政府性基金预算，加大与一般公共预算的统筹使用力度。例如，对同一领域的支出，先通过政府性基金预算安排，不足部分再通过一般公共预算安排。

3. 加大国有资本经营预算资金调入一般公共预算的力度。进一步加大国有资本收益上缴比例，加大国有资本经营预算调入一般公共预算的力度。到 2020 年，将国有资本收益上缴国有资本经营预算的比例逐步提高到 30%，国有资本经营预算调入一般公共预算的比例逐步提高到 30%。

4. 加强国有资本经营预算与一般公共预算的统筹使用。国有资本经营预算除调入一般公共预算和补充社保基金外，把使用范围严格限定为解决国有企业历史遗留问题及相关改革成本支出、对国有企业的资本金注入、国有企业政策性补贴等方面。一般公共预算安排的国有企业改革发展支出等资金，也应该逐步纳入国有资本经营预算，实现一般公共预算逐渐退出竞争性领域的目标。

5. 严格控制政府性基金项目。按照正税清费的原则，清理规范现有政府性基金项目，严格控制新设政府性基金。一是清理规范现有政府性基金项目。采用直接取消或到期取消的办法，清理部分政府性基金，用"赎买"政策鼓励将其纳入一般公共预算。继续推动取消地方或部门越权设立的政府性基金项目，结合价格改革适时取消部分政府性基金项目，更好发挥市场机制作用。同时，结合资源税从价计征改革、房产税和环境保护税立法、改革完善消费税制度等税制改革，推进正税清费。二是从严控制政府性基金项目设立。一般不新设政府性基金项目，如有必要筹集收入或调节经济行为，主要通过新设税种或调整税目、税率的方式解决。某些由于特殊需要新设立的政府性基金项目，应该明确征收期限，并由财政部审核后报国务院常务会议决定。

6. 逐步取消一般公共预算中的以收定支项目。对一般公共预算中的以收定支项目，除法律法规有明确要求之外，不再实行专款专用。同时，加快启动法律法规修订工作，逐步取消城市维护建设税、排污费、探矿权和采矿权价款、矿产资源补偿费等专款专用规定，统筹安排这些领域的经费。

## 第三节　改进年度预算控制方式

目前我国预算审批包括收入、支出和收支平衡三个方面内容，但核心是收支平衡，不是支出规模与政策。按照现代预算管理制度要求，预算审查的重点应由平衡状态、赤字规模向支出预算和政策拓展，收入预算从约束性转向预期性。这有利于加强人大对政府预算的审查监督，有利于改善政府宏观调控，有利于促进依法治税。

## 一、推进年度预算改革

（一）审核预算的重点由平衡状态、赤字规模向支出预算和政策拓展

1. 一般公共预算。强化支出预算的约束，各级政府向本级人大报告支出预算的同时，应重点报告支出政策内容。支出预算不突破本级人大批准的总规模，预算执行中如还需增加或减少的，必须报经本级人大常委会审查批准。收入预算从约束性转向预期性，根据经济形势和政策调整等因素科学预测。

中央一般公共预算出于宏观调控政策需要可以编列赤字，并通过发行国债予以弥补。对中央政府债务实行限额管理，国债余额限额根据累计赤字和应对当年短收需发行债券等因素合理确定，报全国人大或其常委会审批。经国务院批准，地方一般公共预算用于支持那些没有收益的公益性事业发展，也可以视需要编列赤字，并通过举借一般债务弥补，但地方政府的一般债务总限额应纳入地方政府债务规模。

2. 政府性基金预算和国有资本经营预算。政府性基金预算，是按照以收定支的原则，根据基金项目的收入情况和实际支出的需要编制。经过国务院批准，地方政府性基金预算，为有一定收益的公益性事业发展，可以举借专项债务，债务总限额纳入由国

务院确定并报全国人大或其常委会批准的地方政府债务规模。财政部在地方政府债务规模内，根据各地区债务风险、财力状况等因素测算分地区债务限额，并报国务院批准。各省都在分地区债务限额内举借债务，报省级人大或其常委会批准。国有资本经营预算按照收支平衡的原则编制，不列赤字。

（二）清理规范重点支出同财政收支增幅或生产总值挂钩事项，一般不采取挂钩方式

对重点支出，不再采取先确定支出总额再安排具体项目的办法，切实优化财政支出结构，同时根据改革需要和保障内容给予统筹安排、优先保障。结合税费制度改革，完善相关法律法规，逐步取消城市维护建设税、排污费、探矿权和采矿权价款、矿产资源补偿费等专款专用的规定，统筹安排这些领域的经费。统一预算分配，逐步将所有预算资金纳入财政部门统一分配，在此之前，负责相关资金分配的部门按规定将资金具体安排情况及时报财政部门。

二、建立跨年度预算平衡机制

根据经济形势发展变化和财政政策逆周期调节的需要，建立跨年度预算平衡机制。中央公共预算执行中如果出现超收，用于冲减赤字、补充预算稳定调节基金；如果出现短收，通过调入预算稳定调节基金、削减支出或增列赤字并在经全国人大或其常委会批准的国债余额限额内发债来平衡。地方公共预算执行中如果出现超收，用于化解政府债务或补充预算稳定调节基金；如果出

113

现短收，通过调入预算稳定调节基金或其他预算资金、削减支出来实现平衡。采取这些措施后仍然不能实现平衡的，省级政府报本级人大或其常委会批准后增列赤字，并报财政部备案，在下一年度预算中弥补；市、县政府通过申请上级政府临时救助实现平衡，并在下一年度预算中归还。此外，政府性基金预算和国有资本经营预算如果出现超收，应结转下年安排；如果出现短收，应通过削减支出实现平衡。

## 三、实行中期财政规划管理

从国际经验看，工业化国家预算制度的一个共同特点，就是实行中长期财政规划管理。经济合作与发展组织（OECD）国家的中期预算一般为3—5年，为应对财政可持续发展面临的严峻挑战，增强预算的前瞻性和可持续性，越来越多的国家或地区开始实行中期财政规划管理。我国香港地区原先编制五年中期财政规划，近年又设立了"长远财政计划工作小组"，开始对未来30年的财政收支进行预测分析。实行中期财政规划管理，有利于推进全面深化改革，促进经济结构调整和发展方式转变。

### （一）基本原则

按照党的十八大、十八届三中、四中全会精神，认真总结现行财政收支政策运行情况，分析现行政策中存在的问题，研究调整相关财政收支政策，对未来几年财政收支进行测算，提高财政政策的综合性、前瞻性和可持续性。一要统筹当前和长远。既着力应对当前经济下行压力较大、财政收入增幅回落等问题，也考虑长远发展，处理好经济建设、民生改善、生态保护之间的关系，优化战略性资源配置，切实防范财政风险，促进实现国家长治久安。二要坚持问题导向。针对部分现行财政支出政策"碎片化"、不可持续等问题，从政策内容和运行机制上查找原因，立足基本国情，借鉴国际经验，提出解决措施。三要实施滚动调整。中期财政规划按照三年滚动方式编制，第一年规划约束第二年预算，后两年规划指引相应年度预算。年度预算执行结束后，对后两年规划及时进行调整，再添加一个年度规划，形成新一轮中期财政规划。四要强化约束机制。凡是涉及财政政策和资金支持的部门、行业规划，都要与中期财政规划相衔接。中期财政规划对年度预算起到约束作用，年度预算编制必须在中期财政规划框架下进行。

（二）改革的主要任务

中期财政规划实质上是中期预算的过渡形态。在编制过程中，先对总体收支和政策情况进行预判，再对重大政策开展专项研究，逐步使政策制度定型，确保至少部分支出相对稳定，最后渐进过渡到真正的中期预算。一般来讲，规划包括四部分内容：

1. 现行政策及收支测算。根据基年的经济发展情况和宏观调控方向，预测未来三年经济社会发展情况及主要经济指标。在此基础上，考虑现行政策对未来收支的影响，静态推测未来收支的潜在增长率，形成三年收支基线。

2. 现行政策问题分析。根据财政收支基线和现行政策效果，分析政策中存在的几方面重点问题，比如财政风险问题，运用赤字率、债务率等指标,判断全国、中央、地方政府存在的风险隐患。再如收入制度问题,分析现行税制在筹集财政收入方面的作用,对促进资源节约、解决产能过剩和调节收入分配的影响,税制改革方案对财政减收的影响,非税收入管理中存在的问题等。又如支出政策问题,分析教育、农业等重点支出增长的可持续性,社保、医疗支出因人口结构变化的增长情况,暂时不能在预算中妥善安排,但又必须解决的重点支出,部分试点政策全面推开可能产生的问题等。

3. 收支政策可能出现的变化。针对现行政策中出现的问题,财政部门在与相关部门密切沟通、提出改进意见并取得共识的基础上,形成收支政策变化预案。在收入政策中,明确相关政策目标和起止时间,评估政策对经济和相关产业的影响,以及企业、个人的税费负担变化。在支出政策中,明确相关政策目标和部门管理职责,列出分年度工作任务和重要时间节点,说明资金使用对象、保障标准、运作流程、拟制定的管理规定和办法等,并提出考核评价办法,重点评估目标完成进度和预算资金使用绩效。

4. 政策对收支基线的影响。结合宏观调控方向,合理设置财政支出总量控制目标,按部门或类别分别设置支出限额,设置赤字或债务余额控制目标及警戒线。以三年收支基线为基础,根据收支政策变化预案,测算未来三年财政收支情况,在此基础上进行综合平衡。

(三)规划编制程序

财政部牵头编制全国中期财政规划,对中央年度预算起约束作用，对地方中期财政规划和年度预算起指导作用。在下一年度预算编制启动之前，提前编制中期财政规划草案，先征求相关部门、专家学者和社会有关方面意见，再进一步修改完善，并报国务院批准后实施。中央各部门结合有关行业领域的发展规划和部门职责，研究未来三年涉及财政收支的重大改革和政策事项，并准确测算收支数额，及时提交财政部汇总平衡。同时，中央各部门还要按照部门预算管理有关规定编制部门预算中期规划。各省、自治区、直辖市和计划单列市财政部门，以全国中期财政规划为参考，编制地方中期财政规划，由同级人民政府批准并报财政部备案。省级各部门、省以下地方财政部门也可以分别编制部门预算中期规划和当地的中期财政规划，具体工作由省级财政部门负责。

## 第四节　完善转移支付制度

转移支付是实现财力与事权相匹配的重要调节工具，其核心不是资金规模的大小，而是看转移支付的方式与结构是否合理，是否实现了财力与事权的匹配，这是完善转移支付制度的改革目标。

### 一、现行转移支付制度基本情况

中央对地方转移支付分为一般性转移支付和专项转移支付两

类。一般性转移支付是中央政府对有财力缺口的地方政府（主要是中西部地区），按照规范的办法给予的补助。主要包括均衡性转移支付，革命老区、民族和边境地区转移支付，资源枯竭城市转移支付，成品油税费改革转移支付以及义务教育转移支付等。地方政府可以按照相关规定统筹安排和使用，这有利于发挥地方政府了解居民公共服务实际需求的优势，促进地方因地制宜统筹安排财政支出和落实管理责任。专项转移支付是中央政府对承担委托事务、共同事务的地方政府，给予的具有指定用途的资金补助以及对应由下级政府承担的事务；给予的具有指定用途的奖励或补助，主要用于教育、社会保障、农业等方面，能够更好地使财政支出体现中央政府意图，促进相关政策的落实。2014年，中央财政首次将专项转移支付预算按照每一个具体项目向社会公开，专项转移支付项目由 2013 年的 220 个减少到 150 个左右。

从规模变化看，分税制改革之初，一般性转移支付规模较小，专项转移支付占比较高；所得税收入分享改革之后，一般性转移支付规模增加较快，专项转移支付占比有所回落。如 2007 年专项转移支付占转移支付总额的比重为 48.9%，2008—2010 年，为应对国际金融危机，实施积极的财政政策，专项转移支付规模大幅增加，占比提高较快，2009 年曾达到 52.2%。2011 年以来，中央财政加大对专项转移支付的清理整合力度，占比又开始逐年下降。2013 年，中央对地方转移支付 42973.18 亿元，增长 6.8%，其中：一般性转移支付 24362.72 亿元，增长 13.7%，占比为 56.7%；专项转移支付 18610.46 亿元，下降 1%，占比为 43.3%。

从结构上看，中央对地方专项转移支付大部分用于中西部地区和与人民群众生活密切相关的领域。2013 年，中央对地方专项转移支付中，中、西部地区的转移支付分别为 36.8% 和 41.7%。用于重点民生领域的农林水支出 5208.25 亿元、交通运输支出 3416.17 亿元、住房保障支出 1916.21 亿元、节能环保支出 1703.67 亿元、社会保障和就业支出 1614.63 亿元、教育支出 1113.50 亿元、医疗卫生 851.53 亿元。

## 二、转移支付制度的国际经验

市场经济国家通过科学设置转移支付，调节上下级政府、不同地区之间的财力分配，补足地方政府履行事权存在的财力缺口，实现事权和支出责任相适应是通行做法。按照资金使用条件划分，通常将转移支付分为专项转移支付、均衡性转移支付和分类转移支付。专项转移支付多用于政府间委托事务、共同事务以及符合上级政府政策导向的事务，实行专款专用，并纳入绩效考评进行监管，注重提高资金使用效益。均衡性转移支付为各国所通用，体现出一定的管理规律和特点，主要是：

1. 明确设定均等化目标。大部分成熟市场经济国家将均衡性转移支付的目标，直接定位于地方政府的财政收支能力或公共服务能力的均衡。如丹麦旨在通过转移支付，确保贫困地区具有最低水平的公共服务供给能力；德国规定，转移支付目标是确保任一州的财政收入能力不会明显低于全国平均水平;意大利近年来正在实施的政府间财政关系改革,目标是实现地方政府之间财政能力的完全均衡;瑞士的规定更为具体,通过均等化转移支付,确保任一贫困地区的财力水平不低于全国平均水平的85%;加拿大联邦宪法规定,联邦政府需通过均等化补助,使各省级政府在征收合理水平的税收情况下,有足够的收入提供公共服务。

与大多数国家将转移支付目标定位于地方政府的公共服务能力不同,美国具有均等化性质的联邦分类拨款,其目标是实现居民个体之间的受益均衡。因此,美国大部分的联邦转移支付直接补助到居民,或先拨给州和地方政府,再分配给居民。此外,奥地利也将转移支付目标明确延伸至居民生活层面,致力于实现地区间居民生活水平的大体一致。

2. 拨款形式丰富多样。澳大利亚、德国、日本等大部分国家的均衡性转移支付,主要以无条件拨款的形式进行,享受拨款政府可以自主安排资金使用。美国、加拿大、瑞士等国主要采取分类拨款的方式,其中,美国转移支付体系中一直未设立无条件拨款,加拿大以"卫生转移支付"和"社会服务转移支付"为代表的分类转移支付是联邦政府对省转移支付的主体。2006—2007财年加拿大的"卫生转移支付"和"社会服务转移支付"合计占联邦转移支付总额的46.9%,当年无条件拨款仅占18.9%。

3. 操作模式符合国情。一是收支均衡模式。转移支付分配不仅考虑各地区的收入能力,也将地区间不同的支出需求纳入考虑范围。其中，收入能力通常运用"代表性税制"，即在分别测算各地区标准税基和税率的基础上，衡量地方政府的收入能力，而支出需求的衡量多是选择人口、辖区面积等因素，通过回归模型进行分析。这种模式虽然理论上最为理想，但对数据资料要求较高。目前，澳大利亚、日本、韩国以及英国等采用此类模式。二是收入能力均衡模式。资金分配只考虑收入能力均衡一个方面，代表性的国家有加拿大与德国，这类模式适用于地区间支出需求差异不大的国家。从相关国家的实践看，该模式的不足是不利于调动地方政府发展经济的积极性。对地方政府收入能力的评估通常需要以其税基作为基础，税基大小成为决定某地区转移支付规模的主要因素，因此，地方政府的支出结构易于受到扭曲，向那些不会带来税基扩张效应或效应较小的支出项目倾斜，从而延缓了经济增长步伐。三是支出需求均衡模式。与收入能力均衡模式相反，该模式仅考察地区间支出需求差异，代表国家有印度、意大利、西班牙等，缺点是不利于激励地方政府增加自有收入。四是简单人均模式。简单按照全国统一的人均拨款额分配，各地区分享额度为该地区人口与全国统一人均水平的乘积。考虑到人口因素在决定公共服务和支出需求中的重要性，可以认为此类模式在某种程度上考虑了地区间的支出需求差异，而完全忽略了收入能力差异，这是与其他三种模式的区别所在。代表国家有印度尼西亚和加拿大等。

4. 根据政体设置管理机构。单一制国家通常直接选择在其中央政府内部设置相关部门，体现了政治相对集权的基本特征。

而在联邦制国家，地方政府、独立机构等参与甚至掌控转移支付管理工作，联邦政府的权力相应受到约束。在现实中，各国最终的模式选择由本国国情所决定，各种模式并没有优劣之分。例如，分权化模式有利于提高转移支付资金分配的透明度、公正性，并强化资金使用的受托责任，但也存在成本较高、不利于提高中央或联邦政府宏观调控能力等方面的不足。

5. 注重法制规范。绝大部分国家都以立法形式对本国均等化转移支付制度进行规范。从法律地位上看，联邦制国家通常在联邦宪法中作出规定，立法层次较高；单一制国家则多采用部门法的形式，立法层次相对较低。在相关法律的具体内容上，多数国家仅对均等化制度进行原则性规定，通常涉及均等化转移支付的目标、资金分配原则等。但印度、瑞典、丹麦等国对均等化转移支付的规定也较为详尽，甚至包括分配中所应考虑的主要因素及权重等。如印度对均等化转移支付的影响因素权重作出具体规定，与首都距离因素占 62.5%，人口占 10%，区域面积、基础设施状况和财政改善程度各占 7.5%，财政努力程度占 5%。

6. 资金规模较大且均衡效果显著。从主要国家转移支付的结构看，均等化转移支付是中央对地方转移支付的主体。大部分国家均等化转移支付的比重在 50% 以上，单一制的日本与瑞典分别达到了 56.5% 和 72.2%，联邦制的加拿大和南非甚至达到了 95.5% 和 88.6%，一般性转移支付在促进区域均衡方面效果显著。

### 三、完善转移支付制度的思路和原则

完善转移支付制度的关键是科学设置和保持合理的转移支付结构，发挥一般性转移支付和专项转移支付各自的作用。

（一）总体思路

围绕着建立现代财政制度的目标，坚持有利于转变经济发展方式、有利于建立公平统一市场、有利于推进基本公共服务均等化，加强顶层设计，建立健全边界清晰、权责一致、规范透明、运行高效的转移支付制度。完善一般性转移支付增长机制，重点增加对革命老区、民族地区、边疆地区、贫困地区的转移支付；中央出台增支政策形成的地方财力缺口，原则上通过一般性转移支付调节。清理、整合、规范专项转移支付项目，逐步取消竞争性领域专项和地方资金配套，对保留专项进行甄别，规范转移支付管理。

（二）基本原则

1. 坚持顶层设计与分步实施相结合。改革坚持问题导向，注重顶层设计，力求使转移支付制度与事权支出责任划分相结合，增强改革的整体性和系统性。同时充分考虑实际情况，首先解决较为紧迫、已达成一致意见的问题，分步推进。

2. 着力清理整合专项转移支付。在完善一般性转移支付制度的同时，着力清理、整合、规范专项转移支付，对专项转移支付项目和资金规模实施严格控制，减少对地方事务的介入，提高资金使用效益。

3. 促进企业公平竞争。妥善处理好政府与市场的关系，使市场在资源配置中起决定性作用，逐步减少竞争性领域的专项，特别是对于市场竞争机制能够有效调节的事项，不得设立专项转移支付，切实维护公平竞争的市场环境。对确需保留的一些涉及企业的补贴，也要尽量通过市场化方式分配管理，做到公开、公平、公正。

4. 规范管理、提高效率。既加强转移支付资金管理，规范分配使用，严格财经纪律，又加快资金拨付，避免大量结转结余，注重提高资金使用效率。

# 第五节　加强预算执行管理

预算执行是财政管理的重要环节，直接关系到党和国家政策的贯彻落实、财政职能的充分发挥、财政资金的使用效果。加强预算执行管理，硬化预算约束，完善管理机制，是确保预算功能充分发挥的关键。

## 一、硬化预算约束

预算经人大审核通过之后，各项支出都必须严格按照预算执行，不能随意改变。各级政府、各部门、各单位的支出，都必须以经过批准的预算为依据，预算没有安排的事项不能支出。年度预算执行中除救灾等应急支出，需要通过动支预备费解决外，一般不再出台增加当年支出的政策，一些必须出台的政策，也要通过以后年度的预算安排资金。各部门、各单位的支出要按照预算科目执行。不同预算科目、预算级次或者项目间的预算资金如果需要调剂使用，要按照财政部门的规定办理。加快预算下达和执行进度，加强财政结转结余资金管理。各级政府和所有预算单位都要严肃财经纪律，严格对财政资金分配使用监督问责，严厉查处违法违规行为。

## 二、完善收入收缴管理

收入收缴管理是预算执行的前提和保障。我国财政收入主要由税收收入和非税收入构成，收入收缴管理也包括税收收入收缴管理和非税收入收缴管理两个方面。税收收入收缴管理主要是通过实行财税库银税收收入电子缴库横向联网，及时、准确地掌握税收收入征缴、入库、退库、更正、免抵等信息，规范税收收入收缴行为。非税收入收缴管理主要是通过推行非税收入收缴管理制度改革，改变执收单位通过过渡性账户层层上缴非税收入的做法，采取直接缴库和集中汇缴的方式，将非税收入直接缴入国库单一账户体系。

收入收缴管理的改革，立足于进一步加强机制建设，提高科学化、规范化、信息化水平，确保各项财政收入及时足额缴入国库。从税收收入收缴看，完善财政部门、税务机关、人民银行、商业银行横向联网机制，建立各级财政部门与税务部门统一的税款信息交换共享框架，提高税款信息应用水平；逐步扩大使用电子缴税的纳税人范围，扩展横向联网业务种类；推进建立财政、海关、人民银行、商业银行之间的联网系统，对海关征收的税收收入实行电子缴库，实现财政与海关之间的信息共享。从非税收入收缴看，研究推进非税收入电子化缴款，实现非税收入收缴全流程自动化管理；继续扩大非税收入收缴改革范围，深化改革级次，逐步取消改革中实施的一些过渡性措施；完善非税收入收缴监管体系，推动建立覆盖各级财政部门的非税收入执收监管机制。

## 三、加强资金支付管理

资金支付管理是预算执行管理的核心环节，对于保障各项财政支出及时到位、维护财政资金安全、规范预算单位财务管理等方面都具有十分重要的意义。资金支付管理的改革方向，应紧紧围绕提高支付效率和确保资金安全，不断创新和完善管理机制。一是完善县级以下国库集中支付运行机制，全面推进乡镇国库集中支付制度改革。二是进一步扩大实行国库集中支付的资金范围，研究将社会保险基金预算资金纳入国库集中支付管理。三是建立健全中央专项转移支付资金国库集中支付管理机制，选择部分省市进行试点，将专项转移支付资金使用情况纳入预算执行动态监控范围。四是积极推进国库集中支付电子化管理，提升财政资金安全管理水平，降低财政资金支付成本，提高财政资金支付便捷程度。五是指导地方开展预算执行监督工作，推动建立覆盖各级财政的预算执行动态监控体系，构建严密的预算执行监控网络，对预算执行违规行为形成有效威慑。六是继续深入开展全年用款计划编报工作，规范财政资金支付审核管理，加强重点项目预算支出执行管理，细化预算执行控制机制，进一步扩大财政授权支付范围，赋予预算单位更多的资金支付管理权限。

## 四、优化资金调度管理

资金调度管理，主要是通过对库款进行流动性管理，在防范资金风险的同时，科学分配库款，以保障各项财政资金的及时拨付，发挥财政支出对经济社会的支持作用。优化资金调度管理是有效执行预算的基础保障，提高调度管理的科学化规范化水平，一要加快推进国库现金流量预测体系建设。研究建立预测数据指标体系，加强国库现金流量变动与宏观经济运行分析，提高预测的科学性和合理性。拓展信息沟通交流渠道，完善与相关部门的定期会商机制，及时全面了解库款变动情况和影响因素。研究推进大额报备制度及相关奖惩措施，指导地方开展国库现金流量预测。二要合理调度库款。同时，加强对国库资金调度的科学化规范化管理，根据年度预算和实际用款需求，结合财政收支、库款规模等因素，科学测算、合理调度国库资金，切实保障各项预算支出的需要。

## 五、完善财政总会计核算管理

财政总会计是各级政府财政部门核算、反映和监督政府预算执行的专业会计，核算对象是各级政府预算执行过程中的预算收入、支出和结余，以及在资金运动中所形成的资产、负债和净资产。总会计核算管理是各项财政收支数据的基础来源，也是监督预算执行的有效手段。随着财政业务的创新和变化，总会计核算管理也要在制度和方法上进一步完善。一是根据政府会计改革要求修订《财政总预算会计制度》，在反映预算执行情况的同时，全面核算和反映各级政府资产负债状况。二是规范总会计权责发生制核算管理，除国库集中支付结余和国家统一规定的事项外，地方不能扩大按照权责发生制列支的范围。三是研究建立预算单位会计核算大集中平台，提高预算单位会计工作的整体水平。

## 第六节　健全国库管理制度

国库管理制度是财税领域的基础制度，建立以国库单一账户体系为基础，资金缴拨以国库集中收付为主要形式的现代国库管理制度，是加强预算执行管理、深化财税体制改革、建立现代财政制度的重要内容。

### 一、现代国库管理制度的主要内容

现代国库管理职能是预算执行管理和监控、财政筹资和理财、财政运行信息分析和反映、宏观经济调控和政策实施等一系列财政管理职能的集中体现。从发达国家现代国库管理制度建设实践看，各国普遍通过建立单一账户体系，对财政资金实行国库集中收付，对国库库款进行运营管理，并全面核算反映政府收支和资产负债。现代国库管理制度主要包括以下方面：

一是实行委托国库制。从世界各国国库管理实践看，普遍实行委托国库制，即政府财政部门委托中央银行或商业银行代理财政资金的收缴、保管、拨付，政府债券的发行、兑付等业务。二是建立国库单一账户体系。国库单一账户体系由国库单一账户和功能性分类账户组成。其中，国库单一账户是政府经常性收支主账户，功能性分类账户主要包括财政部门为预算单位开设的收支账户、财政部门自身开设的资本性账户和专用账户等。三是对财政资金实行国库集中收付。在财政收入收缴方面，由缴款人将款项直接缴入国库单一账户，或先缴入财政部门为执收单位开设的账户，日终自动划入国库单一账户或指定账户。在财政资金支付方面，通过财政部门为预算单位设置的账户将资金直接支付到商品、劳务供应商，日终该账户与国库单一账户进行清算，余额为零。四是实行高效的国债管理。国债是财政筹资工具，也是基础金融产品，具有财政与金融双重功能，对促进经济平稳较快增长和金融发展有重要作用。国债管理是财政部代表中央政府制定并执行中央政府债务管理计划或战略的过程，目标是在中长期的时间范围内，尽可能采用最低的筹资成本和可承受的市场风险的管理方式，确保中央政府的筹资及支付需求得到及时满足。五是实施有效的国库现金管理并与国债管理相结合。国库现金管理包括建立库底目标余额制度，确定最优库底余额控制目标，以及运用多种金融工具确保国库现金流均匀稳定。六是全面核算反映政府收支和资产负债状况。编报权责发生制政府综合财务报告，在核算和反映政府收支状况的同时，也核算反映政府资产负债状况。在向社会提供年度预算执行情况的同时，也全面报告政府受托责任履行情况和履行责任的能力。

## 二、健全国库管理制度的主要措施

### （一）加快财政国库管理的法制化进程

根据新《中华人民共和国预算法》的精神，加快《中华人民共和国预算法实施条例》《中华人民共和国国家金库条例》修订工作，研究制定《财政资金支付条例》，进一步健全完善国库集中收付法规制度体系。研究制定《国债管理条例》，对国债发行与监管机构、国债种类、发行程序、规模管理、市场、偿付程序等事项予以规范。

### （二）继续深化国库集中收付制度改革

一是深入推进国库集中支付改革。在乡镇全面推进国库集中支付制度改革，逐步实现对中央专项转移支付资金支付信息的动态监控，研究探索对社会保险资金实行国库集中支付。二是全面发展收入收缴电子缴款。通过电子化管理优化非税收入收缴流程，进一步加强收缴监管，推动建立覆盖各级政府层级的非税收入收缴监管机制，进一步扩大电子缴税横向联网的覆盖范围，建立统一的财税信息交换框架。三是强化预算执行动态监控机制。在加强日常监控的基础上，突出监控重点，如对"三公"经费等相关款项支付使用的监控，推动建立覆盖各级财政的预算执行动态监控体系，对预算执行违规行为形成有效威慑。

（三）进一步加强财政专户管理

按照严格控制新增财政专户的思路，严格核准地方新开立财政专户申请，一律不再新设专项支出财政专户，其他财政专户除合规且必须开设的以外，一律不予新开。同时，对地方存量财政专户建立目录，逐个进行审核，除经财政部审核并报国务院批准保留的以外，其余财政专户两年内逐步取消。

（四）着力规范财政借垫款管理

对已发生的财政借垫款实施全面清理。及时收回核销符合制度规定的临时性借垫款，对符合制度规定应当在支出预算中安排的款项，按规定列入预算支出，对不符合制度规定的财政借垫款限期收回。在此基础上，建立规范财政借垫款长效机制，严格限定借款用途、借款对象、借款期限，规范借款审批程序，严防违规借款行为。

（五）积极稳妥推进国库现金管理

一是建立国库现金流量预测体系。拓展信息沟通交流渠道，加强与税务、海关等收入征收部门和预算单位等财政支出部门的沟通，研究建立大额支出报备制度，全面分析库款变动因素。加强国库现金流量变动与宏观经济运行规律分析，研究建立预测数据指标体系，运用信息系统开展滚动预测。

二是建立库底目标余额管理制度。合理确定中央和地方财政库底目标余额，运用各种投融资工具开展国库现金管理，灵活调节国库现金余缺，保持国库现金余额稳定在目标余额，有效提高财政资金使用效益，同时促使财政收支等管理活动对货币政策影响趋于中性化。

三是规范实施国库现金管理操作。中央国库现金管理在稳步开展3个月、6个月、9个月定期存款基础上，结合财政改革需要，研究更短期限的投资工具及短期融资工具。加快出台《地方国库现金管理暂行办法》，推动地方规范实施国库现金管理，盘活库款存量资金，提高地方国库现金管理效益。

（六）推进国债发行市场化改革

进一步完善国债续发行机制，推动银行间债券市场开展预发行交易，指导交易所债券市场完善预发行机制。适时推出国债发行券款对付（DVP），提高国债发行管理效率。积极推进新发关键期限国债实行价格招标，实现票面利率标准化。研究推出记账式国债换券，优化国债到期结构。

（七）健全国债收益率曲线

大力发展国债二级市场。加强国债市场整体性建设，促进银行间和交易所市场协调发展、统一互联。完善市场架构，形成层次清晰的做市商之间的批发市场和做市商与客户之间的零售市场。完善国债做市商制度，建立国债做市商支持机制，鼓励市场撮合交易，推进国债期货交易，提高二级市场交易活跃水平，增强国债收益率曲线的真实性和完整性。

（八）推进地方债发行市场化改革

完善地方债发行管理制度，保障地方债发行相关工作规范开展。推进地方债自发自还，逐步扩大试点省份范围。健全地方债市场化定价机制，提高地方债市场化定价水平。进一步完善地方债信息披露和信用评级工作，强化对地方政府举债的市场化约束，维护投资者权益和市场信心。提高地方债市场流动性，完善地方债市场基础设施，引导机构投资者积极参与地方债市场。

（九）加快建立权责发生制政府综合财务报告制度

按照推进国家治理体系和治理能力现代化以及建立现代财政制度要求，加快建立以权责发生制政府会计核算为基础，以编制和报告政府资产负债表、收入费用表等报表为核心的权责发生制政府综合财务报告制度，全面准确反映政府财务状况，为防范财政风险、开展政府信用评级、加强政府绩效监督考核提供有效信息，提高政府财政财务管理水平，促进财政经济可持续发展。

## 第七节 规范地方政府债务管理

地方政府性债务问题事关国民经济的持续健康发展，党中央、国务院高度重视政府性债务问题。按照国务院统一部署，近年来，为防范财政金融风险，促进财政可持续发展，财政部会同有关部门积极采取有效措施完善相关制度，加强地方政府性债务管理，取得了一定成效。但同时仍存在一些不容忽视的问题，如不采取综合治理措施，局部地区风险有可能成为经济社会持续健康发展的隐患。2014年8月31日，全国人大审议通过的《中华人民共和国预算法》修正案增加了关于允许地方政府举债的内容。9 月 21 日，国务院印发《关于加强地方政府性债务管理的意见》（国发〔2014〕43 号，以下简称《意见》），部署全面加强地方政府性债务管理，《意见》是对中央《深化财税体制改革总体方案》关于地方政府性债务管理有关要求的细化，也是贯彻落实新《中华人民共和国预算法》精神的重要举措。

## 一、近年来加强地方政府性债务管理情况

（一）加强地方政府融资管理，坚决制止违法违规融资行为

2010 年 6 月，国务院印发《关于加强地方政府融资平台公司管理有关问题的通知》（国发〔2010〕19 号），要求抓紧清理核实并妥善处理融资平台公司债务，加强对融资平台公司的融资管理和银行业等金融机构的信贷管理，坚决制止地方政府违规担保承诺行为。针对 2012 年以来一些地方政府违法违规融资有所抬头的新情况，财政部会同有关部门联合印发了《关于制止地方政府违法违规融资行为的通知》（财预〔2012〕463 号），严禁地方政府直接或间接吸收公众资金违规集资，切实规范地方政府以回购方式举借政府性债务等行为。与此同时，财政部通过设立举报信箱等方式，加强对地方政府举债融资行为的日常监管，制止了多起地方政府通过信托、集资等方式违规融资行为。

（二）发行地方政府债券，探索建立规范的地方政府举债融资机制

经国务院批准，从 2009 年开始，中央财政每年代理发行一

定规模的地方政府债券。截至 2013 年年底，累计发行 12000 亿元，偿还 3384 亿元，债券余额 8616 亿元；2014 年，继续发行地方政府债券 4000 亿元。为进一步探索建立规范的地方政府举债融资机制，2011—2012 年，国务院批准上海、浙江、广东、深圳 4 省（市）在中央确定的规模内开展自行发债试点，2013 年增加山东、江苏两省为试点省份。2014 年新增北京、江西、宁夏、青岛 4 个试点地区，允许上述 10 个地区试点债券自发自还，并下发了试点地区债券信用评级和信息披露的指导意见。

（三）完善债务统计报告制度，动态监控地方政府性债务情况

财政部一直高度重视地方政府性债务统计工作，近年来建立了地方政府性债务统计报告制度，要求各级财政部门及债务单位如实填列债务并上报，以全面掌握情况，及时防范风险。为进一步夯实数据基础，开发应用了地方政府性债务管理系统，完善债务统计报告制度，开展债务与债权对账工作，为政府性债务审计等各项工作创造了有利条件。

（四）对债务高风险地区进行风险提示，切实防范债务风险

风险预警是加强地方政府性债务管理的一项核心工作，是控制债务规模、防范债务风险的基础和前提。近年来，按照国务院统一部署，财政部积极研究建立地方政府性债务风险预警机制，在 2011 年、2012 年上报债务年报时，都对债务风险进行了分析测算，为中央领导决策提供参考。2013 年两次发文向高风险地

区提示风险，督促其切实化解风险。2014 年，按照党的十八届三中全会"建立规范合理的中央和地方政府债务管理及风险预警机制"要求，组织对全国各级地方政府债务风险进行了测算评估，督促地方积极化解债务风险。同时，抓紧研究建立债务风险预警及应急处置机制。

上述措施有效遏制了地方政府性债务快速膨胀的势头，为建立规范的地方政府性债务管理制度、防范财政金融风险奠定了较为坚实的基础。

## 二、目前我国政府性债务总体情况

根据 2013 年全国政府性债务审计结果，截至 2012 年年底，全国各级政府负有偿还责任的债务 190658.59 亿元，负有担保责任的债务 27707 亿元，可能承担一定救助责任的债务 59326.32 亿元。其中，地方政府负有偿还责任的债务 96281.87 亿元，负有担保责任的债务 24871.29 亿元，可能承担一定救助责任的债务 37705.16 亿元。多年来形成的地方政府性债务，对促进我国经济社会发展、加快基础设施建设和改善民生等方面发挥了重要作用。从审计结果看，目前我国政府性债务风险总体可控。

一是从国际比较看，我国政府性债务风险总体可控。按照审计结果，截至 2012 年年底，全国政府负有偿还责任债务的负债率为 36.74%；若将政府负有担保责任的债务、政府可能承担一定救助责任的债务分别按照 2007 年以来各年度由财政资金实际偿还的最高比率 19.13%、14.64%折算，总负债率为 39.43%，低于国际通常使用的 60% 的负债率控制标准参考值。全国政府外债占 GDP 的比率为 0.91%，远低于国际通常使用的 20% 的控制标准参考值。全国政府负有偿还责任债务的债务率为 105.66%；两类或有债务分别按照 19.13%、14.64% 的比率折算后的总债务率为 113.41%，处于国际货币基金组织确定的 90%—150% 的债务率控制标准参考值范围之内。三类债务的逾期债务率均处于较低水平。

二是从资产负债情况看，我国政府性债务形成了大量与债务相对应的优质资产作为偿债保障。与一些国家的政府债务主要用于消费性支出不同，我国的政府性债务资金主要用于基础性、公益性项目建设等资本性支出，大多有相应的资产和收入作为偿债保障。

三是从经济基本面看，我国经济长期向好的基本面没有改变。我国政府性债务是经过多年形成的，债务余额也将在较长一段时间内逐渐偿还。虽然当前我国经济增长速度有所放缓，但经济发展的基本面是好的，经济运行是平稳的，平稳较快的经济增长将为债务偿还提供根本保障。中央政府对债务管理一直采取审慎原则，只要严格加强管理，依法合理控制政府性债务增量，地方政府性债务的可持续性就有保障。

## 三、政府债务管理改革方向和措施

长期以来，地方政府主要通过融资平台公司等方式举借政府性债务，为促进经济社会发展起到了积极作用。但由于没有赋予地方政府举债权限，也缺乏整体的体制机制设计，使得地方政府融资成本越来越高，风险越来越大，长期来看难以持续，已不能适应转变发展方式、促进经济社会持续健康发展和完善国家治理的需要。

我国正处于全面建成小康社会的决定性阶段和城镇化深入发展的关键时期，城镇化带来城市基础设施、公共服务设施和住宅建设等巨大投资需求，是保持经济持续健康发展的强大引擎。允许地方政府适度规范举债，能够弥补建设资金不足，符合代际公平原则，也是国际通行做法。建立规范的政府举债融资机制，是建立社会主义市场经济体制和完善国家治理的重要内容。《意见》出台就是要通过全面规范管理，建立地方政府债务举借、使用和偿还相统一的债务管理机制。

（一）指导思想和基本原则

以邓小平理论、"三个代表"重要思想、科学发展观为指导，全面贯彻落实党的十八大、十八届三中全会精神，按照党中央、国务院决策部署，建立"借、用、还"相统一的地方政府性债务管理机制，有效发挥地方政府规范举债的积极作用，切实防范化解财政金融风险，促进国民经济持续健康发展。一是疏堵结合。"修明渠、堵暗道"，赋予地方政府依法适度举债融资权限，加快建立规范的地方政府举债融资机制。同时，坚决制止地方政府违法违规举债。二是分清责任。明确政府和企业的责任，政府债务不得通过企业举借，企业债务不得推给政府偿还，切实做到谁借谁还，风险自担。政府与社会资本合作的，按约定规则依法承担相关责任。三是规范管理。对地方政府债务实行规模控制，严格限定政府举债程序和资金用途，把地方政府债务分门别类纳入全口径预算管理，实现"借、用、还"相统一。四是防范风险。牢牢守住不发生区域性和系统性风险的底线，切实防范和化解财政金融风险。五是稳步推进。加强债务管理，既要积极推进，又要谨慎稳健。在规范管理的同时，要妥善处理存量债务，确保在建项目有序推进。

（二）改革内容及措施

1. 解决"怎么借"。一是明确举债主体。党的十八届三中全会提出"允许地方政府通过发债等多种方式拓宽城市建设融资渠道"，新的《中华人民共和国预算法》规定"经国务院批准的省、自治区、直辖市等预算中必需的建设投资的部分资金，可以在国务院确定的限额内，通过发行地方政府债券举借债务的方式筹措"。《意见》明确提出，经国务院批准，省级政府可以适度举借债务，市县级政府确需举借债务的由省级政府代为举借。明确划清政府与企业界限，政府债务只能通过政府及其部门举借，不得通过企事业单位等举借。二是规范举债方式。债券融资最大的好处是信息公开、债务透明、品种期限多样化，有利于满足不同融资需求，也有利于规范和管理举债行为。按照新的《中华人民共和国预算法》精神，地方政府只能通过政府债券举借债务。《意见》明确地方政府举债采取政府债券方式。对没有收益的公益性事业发展举借的一般债务，由地方政府发行一般债券融资，主要以一般公共预算收入偿还；对有一定收益的公益性事业发展举借的专项债务，由地方政府发行专项债券融资，以对应的政府性基金或专项收入偿还。同时，积极推广使用政府与社会资本合作模式（PPP），调动社会资源，减小政府举债压力。三是控制举债规模。债务危机往往源于规模失控。按照新的《中华人民共和国预算法》规定，"举借债务的规模，由国务院报全国人民代表大会或者全国人民代表大会常务委员会批准。省、自治区、直辖市依照国务院下达的限额举借的债务，列入本级预算调整方案"的要求，《意见》明确地方政府债务规模实行限额管理。一般债务和专项债务总限额由国务院报全国人大或其常委会批准，分地区限额由财政部在总限额内根据各地区债务风险、财力状况等因素测算并报国务院批准。四是严格举债程序。按照新的《中华人民共和国预算法》"省、自治区、直辖市依照国务院下达的限额举借的债务，列入本级预算调整方案，报本级人民代表大会常务委员会批准"的要求，《意见》明确地方政府在国务院批准的分地区限额内举借债务，必须报本级人大或其常委会批准。

2. 解决"怎么用"。一是限定债务用途。吸取一些国家依靠债务弥补经常性支出导致债务危机的教训，借鉴成熟国家债务资金使用的"黄金法则"，按照新《中华人民共和国预算法》"举借的债务……只能用于公益性资本支出，不得用于经常性支出"规定，《意见》也明确债务只能用于公益性资本支出和适度归还存量债务，不得用于经常性支出。建立对违规使用债务资金的惩罚机制。二是纳入预算管理。政府债务资金是政府公共资源的重要组成部分，需要未来的财政收入偿还，按照政府预算统一性与完整性的原则，应当纳入政府预算统一管理。按照中央经济工作会议"加强源头规范，把地方政府债务分门别类纳入全口径预算管理"的要求，《意见》明确将一般债务收支纳入一般公共预算管理，将专项债务收支纳入政府性基金预算管理，将政府与社会资本合作项目中的财政补贴等支出按性质纳入相应预算管理。或有债务确需政府承担偿债责任的，偿债资金要纳入相应预算管理。

3. 解决"怎么还"。一是划清偿债责任。巴西等国教训表明，中央政府对地方政府债务危机的救助，往往导致下一次更大规模的债务危机爆发。增强地方政府举债的自我约束，《意见》明确要硬化预算约束，防范道德风险，地方政府对其债务负有偿还责任，中央政府实行不救助原则。分清政府债务和企业债务的边界，切实做到谁借谁还，风险自担。二是建立风险预警。党的十八届三中全会提出"建立规范合理的中央和地方政府债务管理及风险预警机制"，新的《中华人民共和国预算法》规定"国务院建立地方政府债务风险评估和预警机制"。在总结浙江、四川等地实践经验的基础上，参照国际通行债务风险预警的做法，《意见》提出评估各地区债务风险状况，对债务高风险地区进行风险预警。列入风险预警范围的债务高风险地区，要积极采取措施，逐步降低风险。三是完善应急处置。按照新的《中华人民共和国预算法》"国务院建立地方政府债务……应急处置机制以及责任追究制度"规定，《意见》明确要制定应急处置预案，建立责任追究机制。地方政府难以自行偿还债务时，及时启动应急处置预案和责任追究机制，切实化解债务风险，并追究相关人员责任。此外，还要完善政府综合财务报告和债务公开、考核问责、政府信用体系建设、债权人约束等各项配套制度。

上述制度安排是我国地方政府性债务管理的机制创新，强调疏堵结合。为确保改革平稳过渡，切实发挥债务资金对稳增长的积极促进作用，《意见》还要求妥善处理存量债务和在建项目后续融资。

一是降低政府利息负担。对甄别后纳入预算管理的地方政府存量债务，允许各地区申请发行地方政府债券置换，以降低利息负担，优化期限结构，腾出更多资金用于重点项目建设。二是妥善偿还存量债务。对项目自身运营收入不足以还本付息的债务，通过依法注入优质资产、加强经营管理等措施，增强偿债能力。对确需政府偿还的债务，地方政府要切实履行偿债责任，必要时可以处置政府资产。对确需政府履行担保或救助责任的债务，地方政府要切实依法履行协议约定。三是确保在建项目后续融资。地方政府要统筹各类资金，优先保障项目续建和收尾。对使用债务资金的在建项目，允许融资平台公司等按原协议进行融资，推进项目建设；对在建项目确实没有其他建设资金来源的，主要通过政府与社会资本合作模式和地方政府债券解决。

## 四、当前推进地方政府性债务管理改革存在的困难和问题

### （一）违法违规举债融资监管问题

新《中华人民共和国预算法》和《意见》对地方政府债务

"借、用、还"都有明确规定和要求，对违法违规举债、违规使用政府债务资金、违规担保等情形明确要建立惩罚机制，严格考核问责。今后特别是过渡期如何坚决制止地方政府债务管理中的违法违规行为，是落实新《中华人民共和国预算法》和《意见》的关键。

（二）融资平台公司处置问题

按照《意见》"剥离融资平台公司政府融资职能，融资平台公司不得新增政府债务"的要求，全国7000多家融资平台公司要做好清理转型工作，保留的融资平台公司要按照市场化方式运作，有关债务要分清责任，分类处置。原来运作不规范、主要依靠政府"供奶"的融资平台公司将面临困境。

## 五、下一步工作重点

按照《意见》要求，下一步将抓紧研究出台地方政府性债务管理相关配套措施，一是加强地方政府债务预算管理，强化预算约束；二是加快建立地方政府债务风险评估和预警机制、应急处置机制以及责任追究制度；三是做好地方政府债务限额管理及债券发行工作；四是做好在建项目后续融资及融资平台公司清理转型工作；五是加大对地方政府债务管理的监督检查力度。

## 第八节　推进全过程预算绩效管理

预算绩效管理是政府绩效管理的重要组成部分，是加强预算执行管理的重要手段。这种以支出结果为导向的预算管理模式，能够推动政府部门不断改进服务水平和质量，向社会提供更多、更好的公共产品和服务。

## 一、推进预算绩效管理的重要意义

党中央、国务院多次强调要推进预算绩效管理，提高财政资金使用效益和政府工作效率。财政部把顶层制度设计作为预算绩效管理的重点工作，先后出台一系列制度办法，明确了绩效管理的指导思想、基本内容、工作安排、指标体系，在此基础上，将绩效目标管理融入部门预算编制"两上两下"的各个环节，促进绩效监控与预算执行的有机结合，推动所有中央一级预算单位和从省到市县的绩效评价试点，建立绩效评价结果与以后年度预算安排有机结合机制。既有利于提升预算管理水平、增强单位支出责任、提高公共服务质量，又有利于优化公共资源配置、节约公共支出成本，对建设高效、责任、透明政府，加快经济发展方式转变具有重大意义。

### （一）贯彻落实科学发展观的必然要求

科学发展观的核心是以人为本，强调提高发展的质量和效益，强调全体人民共享发展成果。公共财政取之于民、用之于民，必须在管理中更加突出绩效，树立绩效意识、体现绩效要求。推进预算绩效管理的根本目的是改进预算管理、优化财政资源配置，把有限的财政资金分配好、使用好、管理好，提高公共产品和公共服务的质量，提高财政资金使用效益，改变长期以来财政资金管理使用中存在的"重收入轻支出、重分配轻管理、重数量轻质量"问题。只有这样，预算支出才能产生实实在在的社会经济效益，更好地发挥公共财政职能，保障和改善民生，推动科学发展。

（二）提高政府行政效能的重要措施

首先，推进预算绩效管理有利于转变政府职能，提高管理效率。当前我国公共资源配置效率不高，公共产品和服务供给不足，考核体系不健全等问题还不同程度地存在。预算绩效管理强调政府提供公共服务的质量、成本和效率，关注财政资金使用效益，其内容实际上已超出了公共支出管理本身，涵盖了整个政府管理的范畴。其次，推进预算绩效管理有利于增强政府责任意识，提升公共服务质量。在以结果为导向的绩效管理中，每年的财政支出要与产出或成效挂钩，上一年的项目执行效果会影响下一年的预算安排。地方、部门和单位申请预算时必须依据职责，设定具体的绩效目标，准确计算达到目标所需的资金规模。这种"谁支出、谁负责"的原则增强了支出单位的责任意识，推动政府行为更加务实、高效，有利于提高政府的决策、管理和服务水平。

（三）符合现代公共管理发展趋势

公共选择理论认为，由公共部门提供公共物品可能会出现浪费或滥用资源，强调运用经济分析方法研究政府决策，更加关注公共部门直接提供服务的效率，加强对政府绩效的考评。该理论还认为，公共管理与企业管理之间不存在本质区别，企业管理中要求的绩效管理、质量管理、目标管理、成本管理、结果控制等，在公共管理中都适用。随着信息技术的快速发展、政府支出规模的不断扩大，公众对强化政府部门支出责任和提高政府行政效率的要求更加强烈。推进预算绩效管理，提高财政资金使用效益，符合现代管理理论发展要求，顺应了现代政府预算管理发展潮流。从实践看，绩效预算在美国、英国等发达国家产生后，许多国家迅速推广。

（四）新形势下做好财政工作的迫切需要

推进预算绩效管理是当前财政改革发展的迫切要求。一是适应财政收支规模不断扩大的要求。日益壮大的财政实力，需要不断推进预算绩效管理，提高财政资金使用效益。二是适应财政分配领域和服务对象发生变化的要求。近年来，财政服务的对象和层级明显增加，由过去主要面向部门和企业，扩展到面向全社会、面向千家万户，由主要涉及经济领域扩展到经济社会生活各个领域，这些都对做好财政管理工作提出了新的更高要求，迫切需要通过推进预算绩效管理，提供更多更好的公共产品和服务，满足各个方面、不同层级的需要。三是适应完善财政改革发展外部环境的要求。推进预算绩效管理，不断提高财政资金使用的有效性，推进预算支出绩效的透明度，不仅有利于更好地回应社会关切、树立财政部门良好形象，也有利于更好地凝聚社会共识、形成工作合力，营造全社会共同支持财政改革发展的良好氛围。

## 二、预算绩效管理的指导思想、基本原则及主要内容

### (一) 指导思想

按照加强政府绩效管理和完善公共财政体系总体要求，以及推进预算管理制度改革的具体部署，在全面认识预算管理发展客观规律的基础上，找准方向、明确目标，健全机制、完善措施，抓住关键、重点突破，全面推进预算绩效管理，构建覆盖所有财政性资金，贯穿预算编制、执行、监督全过程的具有中国特色的预算绩效管理体制，提高财政资金使用效益，更好地发挥财政职能作用，为促进科学发展和社会和谐服务。

### (二) 基本原则

1. 统一组织，分级负责。由财政部门统一组织和指导预算绩效管理工作。财政部主要是制定全国性规划和规章制度，组织、指导中央部门和地方财政部门实施预算绩效管理。地方各级财政部门负责本地区预算绩效管理工作，制定区域性规划和规章制度，组织、指导本级预算部门和下级财政部门实施预算绩效管理。预算部门是本部门预算绩效管理的责任主体，制定本部门工作规划和规章制度，具体实施本部门及下属单位的预算绩效管理。

2. 统筹规划，远近结合。财政和预算部门在统筹谋划本地区、本部门预算绩效管理的指导思想、总体思路和长远规划，确定基本目标和主要任务，落实保障措施的基础上，结合加强预算

147

绩效管理的推进情况，立足当前、着眼长远，既有年度目标，又有中长期规划，建立完善年度工作计划与中长期规划相结合的机制。

3. 全面推进，重点突破。积极扩大预算绩效管理覆盖面，逐年增加绩效目标管理范围和绩效评价项目，实现横向到边、纵向到底、全面推进，同时，结合实际情况，因地制宜，积极探索，抓住关键，以重点民生项目为突破口，积累经验、以点带面、逐步推开。

4. 改革创新，协力推动。既适应新形势新任务需要，解决当前影响财政资金使用效益的问题，又敢于突破旧框架旧观念的束缚，大胆探索，不断创新绩效管理理念、管理方法，不断完善相关政策措施，优化内部流程，从制度机制上解决突出矛盾和问题。同时，借助各级人大、纪检监察、审计、社会中介等力量，合力推进。

（三）主要内容

预算绩效管理重在建立"预算编制有目标、预算执行有监控、预算完成有评价、评价结果有反馈、反馈结果有应用"的管理机制。

1. 绩效目标管理。绩效目标是预算绩效管理的基础，是整个预算绩效管理系统的前提。预算单位编制年度预算，根据编制预算的总体要求和财政部门的具体部署、国民经济和社会发展规划、部门职能及事业发展规划，科学、合理地测算资金需求，编制预算绩效计划，报送绩效目标。目标与部门目标高度相关，并

148

且是具体的、可衡量的、一定时期内可实现的。预算绩效计划包括为达到绩效目标拟采取的工作程序、方式方法、资金需求、信息资源等，并有明确的职责和分工。财政部门依据国家相关政策、财政支出方向和重点、部门职能及事业发展规划等，对预算单位提出的绩效目标进行审核，不符合要求的应调整、修改，审核合格的进入下一步预算编审流程。财政预算经各级人民代表大会审查批准后，财政部门要在单位预算批复中同时批复绩效目标。

2. 绩效运行监控管理。预算绩效运行监控管理是预算绩效管理的重要环节。结合预算执行监控系统，建立绩效运行监控机制，定期采集绩效运行信息并汇总分析。对照年初确定的绩效目标，对目标运行情况进行跟踪管理和督促检查，判断绩效目标的预期实现程度，促进目标最终顺利实现。在跟踪监控中发现绩效运行目标与预期目标发生偏离的，要及时采取措施予以纠正，情况严重的要暂缓或停止项目执行。

3. 绩效评价实施管理。预算支出绩效评价是绩效管理的核心。预算执行结束后，及时对预算资金的产出效果进行绩效评价，重点是经济性、效率性和效益性。实施绩效评价要编制绩效评价方案，拟定评价计划，选择评价工具，确定评价方法，设计评价指标。可以先由执行单位自评，将实际取得的绩效成果与绩效目标进行对比，再研究评价结果中反映出的问题，制定改进和提高措施。在此基础上，财政部门对预算单位的绩效评价工作进行指导、监督和检查，并审核绩效评价报告，提出进一步改进预算管理、提高支出绩效的意见和建议。

4. 绩效评价结果反馈和应用管理。评价结果反馈和应用是预算绩效管理的落脚点。将绩效评价结果及时反馈给预算执行单位，提出完善管理制度、改进管理措施、提高管理水平、降低支出成本、增强支出责任的意见建议，并将绩效评价结果作为安排以后年度预算的重要依据。同时，将绩效评价结果向同级人民政府报告，为政府决策提供参考，并作为实施行政问责的重要依据。逐步提高绩效评价结果的透明度，重点将一些社会关注度高、影响力大的民生项目和重点项目支出绩效情况，依法向社会公开，接受公众监督。

## 三、全面推进预算绩效管理

按照"树理念、建机制、扩范围、抓重点、促管理、夯基础"的基本思路，全面推进预算绩效管理。

### （一）牢固树立预算绩效管理理念

充分利用各类媒体和多种渠道，大力倡导预算绩效管理理念，加强舆论引导，培育绩效文化，让社会各界主动了解、支持预算绩效管理。"花钱必问效，无效必问责"，推动预算绩效管理由被动应付、盲目接受变为主动推进、自觉行动。

### （二）健全全过程预算绩效管理机制

把绩效理念、绩效要求贯穿到财政管理的各个环节和财政工作的各个方面，使之与预算编制、预算执行、预算监督一起成为预算管理的有机组成部分，使财政资金运动处于全过程监控之下，实现预算绩效管理的常态化、规范化、制度化。

（三）拓展绩效管理的广度和深度

不断扩大绩效目标管理和绩效评价试点范围，逐步做到"横向到边，纵向到底"，既要扩大到本级政府的所有预算单位，又要由上而下扩大到全部基层政府组织和基层预算单位，确保绩效管理延伸到每个角落，实现预算绩效管理的全覆盖。

（四）大力推进重点绩效评价

以重点绩效评价为突破口，发挥示范带动作用。一是推进重点领域绩效评价，开展财政支出、部门整体支出综合评价，推进财政政策、财政支出结构绩效评价，为财政政策完善和支出结构调整提供参考依据。二是推进重点项目绩效评价，以社会各界关注并与经济社会密切相关的支出项目为重点，逐步将涉及教育、医疗卫生、节能环保等的重大转移支付项目纳入重点评价范围，在期末绩效评估的同时开展中期绩效评估。

（五）加强绩效评价结果反馈和应用

一是将绩效评价结果运用到预算编制中，实现绩效评价与预算安排的有机结合。二是将绩效评价结果运用到日常预算管理中，作为改进预算管理、提高公共产品质量和服务水平的重要依据。三是将绩效评价结果运用到行政问责中，研究建立绩效评价结果信息公开机制，向同级人大、政府报告机制，并实施绩效问责，对由于主观原因造成的资金无效或低效使用，追究部门和单位绩效责任。

（六）夯实预算绩效管理基础

加强规章制度建设，理顺预算绩效管理体制，界定各方在预算绩效管理中的权责关系。明确绩效评价对象，合理选择评价主体，逐步引入权责发生制的政府会计制度。完善绩效信息系统建设，提升绩效信息质量。建立健全制衡机制，积极接受人大、纪检监察、审计等部门的监督，建立专家学者、中介机构、监督指导单位等智库，吸收专家学者、公众代表参与绩效评价工作。

# 第九节　全面规范税收等优惠政策

近年来，税收等优惠政策呈碎片化、随意化和区域化特征，不利于公平竞争和统一市场环境建设。全面规范税收等优惠政策，是深化财税体制改革的当务之急，对于完善社会主义市场经济体制，推进国家治理体系和治理能力现代化具有重要意义。

## 一、税收等优惠政策的现状

受财税体制改革尚未到位、统一监管制度不健全、自身利益驱动等因素的影响，为推动地方经济发展，一些地区自行对企业及其投资者（或管理者）等，在税收、非税收入和财政支出等方面实施了一些优惠政策。如不少地方在招商引资中，主要不是靠技术优势、机制创新，而是靠税收等优惠政策，部分政策甚至存在违反税法问题，主要表现在：

一是违法扩大税收优惠政策范围。为鼓励和扶持一些产业、区域发展，中央出台了税收优惠政策，但一些地方擅自扩大税收优惠政策适用范围，如对国家现行税收优惠政策范围以外的部分企业免征企业所得税、部分行业增值税超过3%的部分予以即征即退等。

二是越权规定减免税。按照税收法定、税制统一的原则，除中央授权的个别事项外，税收立法权、税政管理权集中在中央。但一些地方在未取得授权的情况下，也越权规定减免税政策。

三是涉税改革内容缺乏税法依据。个别地方以深化改革和发展经济的名义，出台了一些力度较大的涉税改革举措，但部分改革举措缺乏合法性。比如，有的地级市为开展促进土地集约节约利用试点，在缺乏税法依据的前提下，实行城镇土地使用税差别化减税政策，对不同类别的企业给予不同幅度的城镇土地使用税减免政策等。

四是通过财政返还等方式变相实行税收优惠。一些地方为吸引外来投资，同时又避免直接违反税法，实行了财税挂钩，对企业和个人缴纳的税收按比例返还、补助、扶持、奖励，变相实施税收优惠。

## 二、规范税收等优惠政策的总体要求

全面规范税收等优惠政策，有利于促进统一市场的形成，维护公平的市场竞争环境，使市场在资源配置中发挥决定性作用；

有利于落实中央宏观调控政策，防止地方保护，促进生产要素的合理流动；有利于预防和惩治腐败，维护正常收入分配秩序，形成合理有序的收入分配格局；有利于深化财税体制改革，推进依法行政，科学理财，建立全面规范、公开透明的预算制度。

（一）指导思想

全面贯彻落实党的十八大和十八届二中、三中、四中全会精神，以加快建设统一开放、竞争有序的市场体系、促进社会主义市场经济健康发展为目标，通过清理规范税收等优惠政策，反对地方保护和不正当竞争，着力清除影响商品和要素自由流动的市场壁垒，推动完善社会主义市场经济体制，使市场在资源配置中起决定性作用，促进经济转型升级。

（二）基本原则

1. 上下联动，全面规范。各地区按照国务院统一要求，同步开展清理规范工作。把影响公平竞争的政策都纳入清理规范的范围，既规范税收、非税收入优惠政策，又规范与企业缴纳税收或非税收入挂钩的财政支出优惠政策。

2. 统筹规划，稳步推进。立足当前，分清主次，坚决取消违反法律法规的优惠政策，逐步规范其他优惠政策。同时着眼长远，以开展清理规范工作为契机，建立健全长效管理机制。

3. 公开信息，接受监督。按照政府信息公开的要求，全面推进税收等优惠政策相关信息的公开，增强透明度，提高公信力。建立健全的举报制度，动员各方力量，加强监督制衡。

### 三、改革的具体措施

规范税收等优惠政策，治本的办法是从法律层面建立约束机制，设立地方不能逾越的红线，同时完善中央与地方收入分配关系，减少地方制定税收等优惠政策的利益冲动。考虑到目前经济的下行压力，规范税收等优惠政策短期内可能对经济产生收紧效应，应稳步推进相关工作。前期先组织各地对现有税收等优惠政策进行统计排查、摸清底数，在此基础上逐步建立规范、长效的管理机制。

（一）切实规范各类优惠政策

1. 统一政策制定权限。税收优惠政策统一由专门税收法律法规规定。除依据专门税收法律法规和《民族区域自治法》规定的税政管理权限外，各地区一律不得自行制定税收优惠政策。各部门起草法律、法规、发展规划以及产业、行业和区域政策都不能规定税收优惠政策。

2. 规范非税收入管理。严禁对企业违规减免或缓征行政事业性收费和政府性基金、以优惠价格或零地价出让土地。严禁低价转让国有资产、国有企业股权以及矿产资源的处置权（含探矿权、采矿权）。

3. 严格财政支出管理。对违法违规制定与企业及其投资者（或管理者）缴纳税收或非税收入挂钩的财政支出优惠政策，包括先征后返、列收列支、财政奖励或补贴，或者以代缴、给予补贴等形式减免土地出让收入等，坚决予以取消。其他优惠政策，如代企业承担社会保险缴费等经营成本、给予电价水价优惠、通过财政奖励或补贴等形式吸引其他地区企业落户本地（或缴纳税费），对部分区域实施的地方级财政收入全留（或增量返还）等，要在清理的基础上逐步规范。

4. 建立评估和退出机制。对法律法规规定的税收优惠政策和经国务院批准实施的非税收入和财政支出优惠政策，财政部牵头定期组织评估。具有推广价值的尽快在全国范围内实施，有明确执行时限的到期停止执行，未明确执行时限的政策设定实施时限，不符合经济发展需要、明显影响公平竞争和效果不明显的政策，财政部牵头提出调整或取消的意见，由国务院审定。

5. 健全约束和问责机制。明确地方各级政府主要领导为本地区税收等优惠政策管理的主要责任人，将税收等优惠政策管理情况作为领导班子和领导干部综合考核评价体系的重要内容，作为提拔任用、管理监督的重要依据。

6. 建立信息公开和举报制度。建立目录清单制度，除涉及国家秘密和安全的事项外，税收等优惠政策的制定、调整或取消等信息，要形成目录清单，并以适当形式及时、完整地向社会公开。建立举报制度，调动地方政府和社会力量，对各地违法违规制定税收等优惠政策行为开展监督。

（二）全面清理已有的优惠政策

各地对各类税收等优惠政策开展专项清理，认真排查中央部门制定和本地区自行制定的税收、非税收入和财政支出等优惠政策，特别要对本地区与企业签订的合同、协议、备忘录、会议或会谈纪要以及"一事一议"形式的请示、报告和批复等进行全面梳理，摸清底数，确保没有遗漏。

专项清理后，违反法律法规的优惠政策一律停止执行，并发布文件废止相关政策。没有法律法规障碍且经国务院批准的优惠政策，由省级人民政府汇总报财政部备案后，可继续予以保留。没有法律法规障碍但未经国务院批准的优惠政策，如地方认为需要继续保留，应详细说明理由，由省级人民政府报财政部审核汇总后由国务院审定。

（三）健全保障措施

在清理规范的同时，各地区、各部门按照党中央、国务院统一部署，不折不扣地落实国家统一制定的税收等优惠政策，大力培育新兴产业，积极支持中小微企业加快发展，进一步完善社会保险、社会救助和社会福利制度，加大对城乡低收入群体的保障力度，努力促进就业和基本公共服务均等化。

对税收等优惠政策行为建立定期检查和问责制度，审计署、监察部、财政部、税务总局等部门及时查处纠正各类违法违规制定税收等优惠政策的行为。对违反规定出台或实施税收等优惠政策的地区，依法追究政府主要领导、政策制定部门和政策执行部门主要负责人的责任，按照有关规定给予纪律处分。同时，中央财政按照税收等优惠额度的一定比例，扣减对该地区的税收返还或转移支付。

# 第五章 建立有利于科学发展、社会公平、市场统一的税收制度体系

税收制度是国家财税体制的重要组成部分，改革总的方向是优化税制结构、完善税收功能、稳定宏观税负、推进依法治税，充分发挥税收筹集财政收入、调节分配、促进结构优化的职能作用。

## 第一节 推进增值税改革

增值税是对销售货物或提供服务过程中产生的增值额作为计税依据而征收的税种，也是我国现行税制中的第一大税种，其制度的改革和优化，对于确保我国财政可持续发展、促进经济发展方式转变、发挥市场配置资源决定性作用等方面意义重大。我国增值税制改革的总体目标是按照税收中性原则，建立

规范的消费型增值税制度。

## 一、增值税的优势及其国际发展趋势

### （一）增值税的优势

从本质上看，增值税是对广泛的交易（货物的生产和流通、不动产的转让和租赁、服务的提供等）课征的一种税。其关键特征为，税款由货物或服务流通中各环节的经营者缴纳并环环抵扣，税负最终由消费者负担。即货物或服务流通中的经营者作为纳税人在购进货物或服务时随同购买价款向销售方支付进项税额，销售时随同销售价款向购买方收取销项税额，再将销项税额扣除进项税额的差额作为应纳税额上缴给国家。这样在经营过程中纳税人本身并不承担增值税税款，税款抵扣环环相连，形成了增值税链条，随着交易行为的延伸，将增值税税负向下游转移，最终由消费者负担。

增值税的广泛应用，是过去半个世纪全球税收领域最重要的成就。自1954年增值税在法国诞生以来仅仅60年时间，全世界已有近160个国家和地区开征了增值税。增值税占税收总收入的比重不断提高，目前已达到五分之一。大多数国家实行消费型增值税，征税范围基本覆盖所有货物和服务，采用发票扣税法，对出口货物和服务实行零税率，允许退还期末留抵的进项税。

增值税之所以在国际上受到广泛欢迎，主要在于它强大的收入筹集能力和显著的税收中性特点。所谓税收中性，是指国家征税使社会付出的代价以征收的税额为限，不再让纳税人或社会承担额外的负担；税收不成为影响资源配置和纳税人经营决策的因素。增值税中性主要体现在：一是增值税的税基是最终消费，这意味着增值税的最终负税人是消费者，在理想的增值税制下，生产经营企业不承担增值税负担，因此，增值税的存在也不会影响企业的经营决策行为。二是增值税的征税范围覆盖范围广，包括所有的货物和服务，以及转让和租赁的不动产等，并实现所有进项税的应抵尽抵。三是增值税对不同行业领域的企业都适用相同的税收待遇。四是增值税的消费地课税原则确保了增值税不会影响国内贸易或国际贸易的经营决策，因为根据消费地课税原则，不管是国际货物贸易，还是国际服务和无形资产贸易，均在其消费发生地征收增值税，即出口实行零税率，进口适用与国内同类的货物、服务和无形资产一样的税制安排。

（二）增值税的国际发展趋势

尽管不同国家和地区的增值税制度存在诸多差异，但随着经济全球化的发展，各国贸易的紧密联系，增值税改革和发展在某些领域呈现趋同化态势。

一是新引入增值税的国家多采取单一税率。研究认为，单一税率和宽税基是现代型增值税制度的理想模式。取消大范围的低税率能有效防止"攀比"，统一的税率也减少了对每一项货物与服务进行分类所产生的巨额管理费用，有助于实现税收征管和遵从成本的最小化。据统计，1995 年至今已有瑞士、尼泊尔、加纳、柬埔寨、越南、澳大利亚、津巴布韦、印度等 34 个国家新开征增值税。这些国家中，23 个实行单一税率、6 个实行两档税率、5个实行三档税率。实行单一税率的，既包括澳大利亚等发达国家，也包括加纳、柬埔寨等发展中国家。

二是简化税制、扩大税基一直是各国追求的目标。经济合作与发展组织（OECD）报告认为，各国实施低税率和税收减免的主要目的是为了帮助贫困者，但这样做的效果并不理想。以食品为例，部分国家对食品实行低税率或者"零税率"，尽管贫困者在食品方面的花费占收入比重大，但富人花费在食品上的绝对金额仍超过贫困者。因此，实施低税率和税收减免，富人反而受益更大，这并不是救济贫困者的最好办法。此外，差别税率和税收减免大大增加了税收征管和遵从成本。近年来，部分国家希望改革增值税，实施包括简并税率、清理税收优惠等在内的一系列措施，实现税制的简化，扩大增值税税基，以降低税收成本和增加税收收入。如希腊财政部于2014年宣布，正在研究推出统一的税率，将现行6.5%、13%、23%三档税率合并为一档。合并后的税率可能确定在19%—21%之间。

三是各国纷纷提高增值税税率以增加政府收入。后金融危机时代，世界各国均面临着恢复健康财政状况和削减公共债务到可持续水平的挑战，其关键是如何在增加税收的同时不损害经济体的竞争力和长期增长潜力。有证据表明增值税对于储蓄、投资和就业的扭曲程度比所得税要低，因此，提高增值税收入对经济增长的不利影响更少。许多国家都在寻求从增值税而非其他税种筹集增量的财政收入。近年来，在美国次贷危机和欧洲主权债务危机的影响下，各国纷纷提高增值税税率。2008年以来，OECD 33

个征收增值税的国家中（目前仅有美国未开征增值税），超过 19 个国家已提高增值税税率。其中，希腊 2010 年将税率由 19% 提高至 23%，新西兰 2010 年将税率由 12.5% 提高至 15%，爱尔兰 2011 年将税率由 21% 提高至 23%，日本 2013 年将税率由 5% 提高至 8%，并计划于 2015 年进一步提高至 10%。根据 OECD 统计，其成员国实施的增值税标准税率的平均值已从 2008 年的 17.7% 提高到 2012 年的 19%。

此外，近年来有关国家不断加强增值税领域的合作，相互学习借鉴、交换税收情报，以应对税收欺诈以及国际服务贸易、电子商务、区域经济一体化、贸易自由化等带来的新挑战。

## 二、我国增值税的历史沿革

### （一）1979 年开始试点引入增值税制度

我国于 1979 年引进增值税并在 3 个城市的 5 类货物中试点。1984 年 9 月 18 日，国务院发布《中华人民共和国增值税条例（草案）》，将增值税的征税范围扩大到全国的 12 类货物产品，标志着增值税作为一个法定的独立税种在我国正式建立。1988 年，增值税征税范围进一步扩大到 31 类货物。对不征收增值税的其他货物征收产品税，对劳务征收营业税。在这个时期，产品税、增值税、营业税和盐税制度并行，共同发挥着筹集财政收入的作用。

### （二）1994 年建立覆盖所有货物的增值税制度

随着我国社会主义市场经济体制目标的确立，原增值税制已不能适应新形势的要求。1993年12月13日，国务院发布了《中华人民共和国增值税暂行条例》（国务院令第134号），12月25日，财政部颁发了《中华人民共和国增值税暂行条例实施细则》［财政部（93）财法字第38号］，自1994年1月1日起施行，规定对所有货物和加工、修理修配劳务统一征收增值税，而对其他劳务、不动产和无形资产征收营业税，取消产品税、盐税。至此，增值税成为我国税制体系中的一个骨干税种，与营业税、消费税、关税等构成我国新的流转税体系。为保证财政收入，抑制投资膨胀，当时选择了生产型增值税。

（三）2009年实现既有征税范围的消费型增值税改革

为进一步规范增值税制，促进区域均衡发展，2004年7月1日，将增值税制由生产型改为消费型的转型改革率先在东北地区的装备制造业等八大行业开始试点。2007年7月1日，改革试点扩大到中部六省26个老工业基地城市的电力业等八大行业。

为应对国际金融危机的冲击，减轻企业税收负担，促进企业技术进步和经济发展方式转变，在总结改革试点经验的基础上，2008年11月国务院决定，自2009年1月1日起在全国实施增值税转型改革，并于11月10日公布了修订后的《中华人民共和国增值税暂行条例》（国务院令第538号）。2008年12月25日，财政部和国家税务总局据此颁发了修订后的《中华人民共和国增值税暂行条例实施细则》（财政部　国家税务总局令第50号）。此次改革的主要内容是，自2009年1月1日起，在增值税税率不变的条件下，准予全国范围内（不分地区和行业）的所有增值税一般纳税人抵扣其新购进设备所含的进项税额。同时，取消进口设备免征增值税政策和外商投资企业采购国产设备增值税退税政策。这标志着我国增值税制向科学、规范的方向又迈出了重要的一步。

（四）2012年开始试点扩大增值税征税范围改革

由于对货物和服务分别征收增值税和营业税，增值税覆盖的广度有限，造成重复征税和额外的税收成本，抑制了企业间分工协作的深化和服务业的发展，不利于经济结构优化升级和经济发展方式转变。随着社会分工的日益细化，重复征税的问题变得越来越突出，进一步推进增值税和营业税制度的改革势在必行。为了进一步完善增值税制，消除重复征税，促进经济结构优化，国务院决定自2012年1月1日起在上海市实施营业税改征增值税（简称营改增）的改革试点，选择了交通运输业和部分现代服务业作为试点行业，逐步积累试点经验，为全面改革提供借鉴。2012年9月1日，营改增试点又分批扩大至北京等12个省市。为了尽快推进营改增，克服局部试点带来的负面影响，自2013年8月1日起，交通运输业和部分现代服务业营改增试点推向全国，并将广播影视服务纳入试点。根据国务院营改增工作部署，自2014年1月1日起，铁路运输和邮政业纳入试点；2014年6月1日，电信业纳入试点。目前，营改增试点地区已扩大到全国，试点行业覆盖交通运输业、邮政业、电信业和部分现代服务业。营改增试点以来，总体运行平稳，从制度上缓解了货物和服务税制不统一和重复征税问题，促进了社会化分工协作，有力地支持了服务业发展和制造业转型升级，激发了企业活力，提升了外贸出口竞争力，释放了稳增长、促就业、转方式的改革红利。据统计，自 2012 年 1 月至 2014 年 8 月，营改增累计减税 3075 亿元。

## 三、我国增值税改革的目标和思路

我国增值税制改革的总体目标，是按照税收中性原则，建立规范的消费型增值税制度。建立规范的消费型增值税制度，要适应国际现代型增值税的发展趋势，全面改革我国增值税制度，实现税收法定，努力做到征税范围覆盖所有的货物和服务，税率单一，进项税应抵尽抵，彻底消除重复征税，逐步剥离调控功能，做到税制简洁、税负公平、政策清晰、管理有效，全面体现税收中性。

### （一）完成营改增试点

在现有交通运输业、邮政业、电信业和部分现代服务业纳入试点的基础上，研究制定包括建筑业、不动产、生活服务业、金融业各个行业在内的总体试点方案，确保"十二五"期间全面完成营改增试点任务。这些领域的改革都极具挑战性，其中不动产和金融服务的增值税处理还是世界性难题。不动产实施营改增，财政减收规模巨大，会影响财政平衡；同时，住房税收的变化涉及房地产价格等敏感问题，需要慎重处理。金融业是巨额资金的集散中心，业务形态复杂，金融产品创新层出不穷。如对其按照标准的征扣机制征税，制度设计和管理操作上的难度较大；

如按照简易办法征税，不能消除重复征税，并将削弱改革的积极效应。因此，在设计上述行业的营改增方案时，既要考虑行业的特殊性，又要考虑税制统一和征纳便利；既要考虑企业的负担，又要考虑财政承受能力；既要确保营改增顺利完成，也要立足长远，为全面完善增值税制度、推动增值税立法打下良好基础。

（二）全面改革增值税

一是简并增值税税率。按照税收中性原则和简化税制的要求，我国增值税宜以单一税率为最终目标。但由于税率的合并涉及各环节税负的重大调整，一次性简并成一档税率影响过大，较为稳妥的办法是先将税率整合成三档或两档。二是清理增值税优惠。享受相关优惠的行业和企业已形成一定的政策依赖，清理难度不小。因此，可考虑采取分步实施的方式，先重点清理那些不符合增值税原理的优惠政策，再清理其他优惠政策，减少改革的震动。三是逐步扩大期末留抵退税政策和出口货物服务零税率的适用范围，并对进口货物和服务充分征税，增强税收公平。四是优化增值税征管制度，全面提升"信息管税"水平，降低税收成本，提高纳税人遵从度。

（三）推进增值税立法

营改增和增值税改革完成后，要适时启动并抓紧完成增值税立法。通过立法提升增值税的法律层次，以法律形式巩固前期改革的各项成果。增值税作为第一大税种，其立法的完成，将为我国落实税收法定原则写上浓重的一笔。

## 四、增值税改革需要澄清的有关问题

由于我国增值税制是由原来的产品税、营业税制演变而来，社会公众对增值税的认识或多或少还带有产品税、营业税的烙印。要顺利推进增值税改革，需要澄清一些观念。

一是增强税收中性应当成为增值税改革的基本原则。税收中性是增值税最大的优势所在，也是增值税对经济增长比较友好的主要原因，更是增值税有别于企业所得税等税种的核心特征。现行增值税制存在的问题，大多与偏离税收中性原则有关。增值税存在一定的累退性，即纳税人的税负随着收入增加而负担变小，但解决这一问题的最有效办法，不是实行免税或低税率政策，而是直接对低收入者实行财政补助或社会保险政策。增强增值税的中性特征，不仅是增值税原理的外在表现，也是国际增值税制度发展的重要趋势，更是让市场在资源配置中起决定性作用的必然要求。这就要求全面推进增值税对货物和服务的全覆盖、清理和规范税收优惠、简并税率、对进口充分征税、对出口充分退税等各项改革举措。

二是理性看待增值税税负问题。目前社会上对增值税税负普遍存在认识误区，用企业缴纳的增值税占销售额的比重作为"企业增值税税负率"，对其变化十分敏感，认为税负越低对企业越好。但实际上，增值税作为一种价外核算的间接税，其实际税负是通过增值税链条不断向下游转嫁，最终由消费者全额支付和负担的，链条中间环节的企业，在其中起到的作用主要是代收代付，即从下游的企业（消费者）收取销项税，抵扣支付给上游供应商的进项税后交给税务机关，并不实际负担增值税。因此，从理论上看，"企业增值税税负率"的概念是不成立的，这也是国际财税界的基本共识，企业增值税税负的高或低，都不会影响其收入、成本和利润水平。即使因为习惯一时难改，在现阶段还需继续使用"企业增值税税负率"的话，也要格外注意并理解其概念的严重缺陷和不可比性。影响"企业增值税税负率"的因素很多，最关键的是企业的专业化程度，还会受到固定资产更新周期、内部管理水平、一次性销售库存、季节性采购等诸多因素的影响。因此，行业间、企业间、同一企业不同时期间的"增值税税负率"都不具有可比性。

三是正确理解营改增结构性减税效应。营改增，不是一项单纯的减税措施，也不是简单的税种转换，而是体制机制的转变，是一项更大的制度变革。营改增的主要目标是通过健全增值税的征抵机制，消除重复征税，从而促进社会化分工协作，激发市场活力，提高市场效率，促进经济结构的转型升级。消除重复征税的必然结果，是产业链的总体减税，市场机制会将总体减税逐渐分配到产业链的各个环节，使产业链上的所有企业受益，从而共享改革红利。因此，营改增的减税并不是要让产业链上每个企业缴纳的增值税额都比其原来缴纳的营业税减少。因为这样做，既没有必要性，也没有可能性。特别是在营改增试点前期，因改革不到位，企业购进的不动产、金融服务等仍然不能抵扣，有的企业也没能完全适应新税制的要求，受经营模式、内部管理等原因的影响，取得的抵扣凭证不充分，从而没能在既有税制下做到进项税的应抵尽抵。在这种情况下，将试点后缴纳的增值税额与原来缴纳的营业税额比较是增加还是减少，不具有现实意义。评价营改增是否达到预期目标，关键要看改革后有没有做到进项税的应抵尽抵，重复征税是否有效消除，只要做到这一点，增值税的税收中性就能充分发挥，营改增促进社会化分工协作、促进经济结构的转型升级等各项预定目标就能实现。

## 第二节　完善消费税制度

消费税是对特定货物与劳务征收的一种间接税，就其本质而言，是特种货物与劳务税，而不是特指在零售（消费）环节征收的税。消费税之"消费"，不是零售环节购买货物或劳务之"消费"。除筹集财政收入外，消费税可以根据国家产业政策和消费政策的要求，调节生产消费行为，促进节能环保，正确引导消费需求，间接引导投资流向，补偿部分商品和消费行为负的外部性，缓解收入分配不公。

### 一、我国消费税的历史沿革

#### （一）1994 年正式建立消费税制度

我国早在 1950 年就对电影、舞厅、筵席、旅馆等开征特种消费税，1953 年取消；1989 年对彩电、小轿车开征特别消费税，

1992 年取消。1994 年 1 月 1 日，《中华人民共和国消费税暂行条例》（国务院令第 135 号）正式实施，对烟、酒及酒精、化妆品、护肤护发品、贵重首饰及珠宝玉石、鞭炮焰火、汽油、柴油、汽车轮胎、摩托车、小汽车 11 类货物征税，新的消费税制度正式建立。

（二）2006 年调整消费税征税范围

2006 年对消费税征税范围进行调整。主要内容：一是新增高尔夫球及球具、高档手表、游艇、木制一次性筷子、实木地板税目。将汽油、柴油两个税目取消，增列成品油税目，汽油、柴油作为该税目下的两个子目，同时将石脑油、溶剂油、润滑油、燃料油、航空煤油也作为成品油五个子目征收消费税。二是取消护肤护发品税目，同时将原属于护肤护发品征税范围的高档护肤类化妆品列入化妆品税目。三是调整子税目。将小汽车税目由小轿车、越野车、小客车三个子目调整为乘用车和中轻型商用客车两个子税目。将酒及酒精税目的粮食白酒和薯类白酒两个子目合并为白酒子目。

（三）2008 年调整乘用车消费税政策，并修改消费税条例

从 2008 年 9 月 1 日起，为促进汽车产业的节能减排，国家提高大排量乘用车的税率，降低小排量乘用车的税率，中等排量乘用车的税率基本维持不变。乘用车子目按照排气量大小划分为七档税率，分别为 1%、3%、5%、9%、12%、25%、40%。进口环节小汽车消费税税率作相应调整，同年还对消费税暂行条例进行了修订，将 1994 年以后出台的消费税政策调整内容，更新到新修订的消费税条例中。同时，与新修订的增值税条例衔接，对消

费税的纳税期限和纳税地点等进行了调整。2008 年 11 月 10 日，国务院颁布了修订后的《中华人民共和国消费税暂行条例》。

（四）2009 年实施成品油税费改革，调整烟产品消费税政策

1. 为规范交通税费机制，促进节能减排，从 2009 年 1 月 1 日起，国家实施成品油税费改革。主要内容：一是取消公路养路费等六项收费。二是提高成品油消费税税率。无铅汽油由 0.2 元/升提高到 1 元/升，含铅汽油由 0.28 元/升提高到 1.4 元/升，柴油由 0.1 元/升提高到 0.8 元/升，石脑油、溶剂油和润滑油由 0.2 元/升提高到 1 元/升，航空煤油和燃料油由 0.1 元/升提高到 0.8 元/升。三是逐步取消政府还贷二级公路收费。

2. 从 2009 年 5 月起，为适当增加财政收入，采取了完善烟产品消费税制度，调整烟产品消费税政策。主要内容：一是调整烟产品生产环节消费税。甲类卷烟（即每条标准调拨价格在 70 元以上），税率调整为 56%；乙类卷烟（即每条标准调拨价格在 70 元以下），税率调整为 36%。卷烟的从量定额税率不变，即 0.003 元/支。将雪茄烟生产环节的税率调整为 36%。二是在卷烟批发环节加征一道从价税，税率 5%。

除上述重大改革外，1994 年至今，根据经济社会发展的需要以及国家产业政策的要求，对消费税的征税范围、税率结构和征收环节都在不断地进行完善和调整。我国现行消费税品目有 14 个，大致可以分为三类：一是影响生态环境和消耗自然资源的产品；二是过度消费不利于人类健康的产品；三是以少数高收

入群体为消费主体的奢侈品类产品。其中，烟、酒、成品油和小汽车消费税征收占消费税总收入的98%以上。对特种消费行为尚未征收消费税。除金银首饰在零售环节征收外，大多数品目消费税在生产（进口）环节征收。

## 二、消费税制度的国际经验

国际上对货物和劳务普遍征收增值税或货物与劳务税，并在此基础上，选取部分特种货物和劳务征收消费税。我国的消费税也属于这种情况。

### （一）征收模式

消费税征收模式大体可划分为三类，一是综合型征收模式，即设置一个消费税税种，具体再设置不同税目对各种消费品进行征收。我国消费税属于综合型征收模式。德国、法国、荷兰、澳大利亚、西班牙、印度、南非等国家也实行这种征收模式。二是分立型征收模式，即不设立统一的消费税税种，而是一个征收品目就设一个税种。例如，阿根廷征收的香烟国内税、能源附加税、液体燃料税和柴油附加税等。三是混合型征收模式，即在开征综合型消费税的同时，又对部分品目单独开征了具有消费税性质的税种。奥地利、巴西、丹麦、日本、意大利、加拿大等国实行这种征收模式。总体看，实行综合型和混合型征收模式的国家较多，采用分立型的国家较少。

### （二）征收环节

各国消费税的征收环节选择在生产（进口）、批发和零售的情况都有。总体上看，为了加强对消费税的征收管理，在生产（进口）和批发环节征收的国家相对较多，如荷兰、西班牙、澳大利亚、日本、新加坡、巴西（糖及糖果、饮料、酒和醋、车辆）、南非、印度、阿根廷（除天然气外）、马来西亚、墨西哥（除成品油外）等国都选择在生产环节征收消费税。一些国家选择在多个环节征收消费税，如德国、加拿大、葡萄牙、韩国、菲律宾等国同时在生产环节和零售环节征收消费税。少数国家（有的国家对部分应税品目）选择仅在零售环节征收消费税，如瑞典、意大利、哥伦比亚、泰国、墨西哥（成品油）、巴西（烟草、燃油）等。

（三）征收对象

国际上消费税的征收范围主要包括烟酒产品、奢侈品、成品油、机动车、污染产品、其他消费品和消费行为等。其中，征收对象主要集中在烟、酒、成品油（能源产品）、机动车四类产品。此外，部分国家对奢侈品进行征收，如澳大利亚、法国、韩国、挪威、土耳其、印尼、菲律宾、南非等；也有部分国家对某些特殊消费行为（特种服务）征税，特别是对娱乐业、赌博或博彩业等，如奥地利、韩国等。

三、完善消费税制度

（一）改革的方向

按照党的十八届三中全会部署，消费税改革的方向是"调整消费税征收范围、环节、税率，把高耗能、高污染产品及部分高

173

档消费品纳入征收范围"。消费税制度改革，不仅是要进一步完善我国税收制度，而且还要为财政体制改革做有力支撑。其中，后移消费税的征税环节是消费税改革的重头戏，我国调整后移征税环节，并没有效仿大多数国家在生产（批发）环节按照零售价征收消费税的做法，主要出于均衡税源的考虑，为下一步财政体制改革打好基础。调整征收范围和税率，是对消费税功能的拓展，进一步体现了消费税在节约能源、环境保护及调节收入分配等方面的作用，以及部分弥补由于"营改增"改革后而减少的收入。

（二）改革的难点

消费税改革的难点，一是后移征收环节。消费税改革将部分品目的征收环节从生产环节后移到批发或零售环节。后移征收环节是消费税改革的重要内容，在改革中起着关键作用，但同时对税收征管提出了很大挑战。一方面，相对于生产（进口）环节，在批发或零售环节征收消费税，纳税人呈几何倍数增长，征管难度较大。另一方面，税务机关如何划分批发和零售环节、如何有效确定纳税人也是难题，尤其在电子商务日益普及的情况下，这一问题更加突出。二是提高税负。在我国经济总体呈现下降趋势的背景下，消费税改革总体上加重了税收负担。虽然改革会在扩大高耗能、高污染、高消费产品和服务的范围并增加税负的同时，取消对部分普通消费品征税并降低税负过高商品的税负，但仍可能遇到社会各方的阻力。

（三）改革的思路

一是加强调控，调整范围。将高耗能、高污染产品及部分高档消费产品或服务纳入征税范围，增强消费税的调控功能；与"营改增"改革相衔接，将部分高档服务纳入消费税征税范围；适应生产和消费的变化，将一些不适合继续征收消费税的应税产品从征税范围中剔除。二是征管可控，后移环节。将消费税由主要集中于生产（进口）环节的征收逐步适当向批发或零售环节后移，以扩大税基、均衡地区间税源分布，增强消费地政府对消费环境和消费能力的关注；部分在批发或零售环节不易征管的品目继续在生产（进口）环节征收，兼顾生产地税源需求。三是合理负担，优化税率。对一些不利于环境保护、社会公平的品目适当提高税负，加大调控力度；结合后移征收环节，对需要继续稳定税负和公平税负的品目，适度降低税率。四是因地制宜，下放税权。在消费税立法权归中央的基础上，选择部分具有较强地域特点的品目，赋予省级政府一定的税政管理权。

# 第三节　加快资源税改革

资源税是以自然资源为课税对象的税种。加快推进资源税改革，对于理顺资源税费关系、增强地方民生保障和环境治理等方面的能力、促进资源节约集约开采利用和保护生态环境具有重要意义。

## 一、我国资源税的历史演变

我国现行资源税是对在我国境内从事资源开采的单位和个人

征收的一种税。资源税制度的发展主要经历了以下四个阶段：

（一）1984—1994 年初步建立资源税制度

为配合第二步"利改税"，调节开发自然资源的企业因资源结构和开发条件的差异而形成的级差收入，妥善处理国家与企业的分配关系，促进国有资源合理开发和有效利用，1984 年国务院颁布了《资源税条例（草案）》，决定自 1984 年 10 月 1 日起对在我国境内从事原油、天然气、煤炭、金属矿产品和其他非金属矿产品资源开发的单位和个人征收资源税。考虑到企业经营实际情况，暂只对原油、天然气、煤炭征收资源税，对金属矿产品和其他非金属矿产品暂缓征收。计税依据为应税产品的销售收入，并根据应税产品的销售收入利润率（简称"销售利润率"）确定的超率累进税率计算缴纳资源税。由于按应税产品销售利润率超率累进计算征收资源税的计征办法存在收入不稳定、计税技术要求高、征管难度大、不利于鼓励先进、鞭策落后等问题，1986 年将原油、天然气、煤炭资源税计征办法改为从量定额征收，1992 年起又对铁矿石按照从量定额办法开征资源税。

（二）1994—2007 年改革和完善资源税制度

本着"普遍征收、级差调节"的原则，国务院于 1993 年重新修订颁布了《资源税暂行条例》，同时废止了《盐税条例（草案）》，将资源税的征税范围扩展到原油、天然气、煤炭、其他非金属矿原矿、黑色金属矿原矿、有色金属矿原矿和盐七个品目，并确定了从量定额计征办法。纳税人具体适用的税额，由财政部商国务院有关部门，根据纳税人所开采或者生产应税产品的资源状况，在规定的税额幅度内确定。1994 年以后，根据经济社会发展情况，国家陆续调整了原油、天然气、煤炭、铁矿石等资源品目的适用税额标准，以及岩金矿石等资源品目的矿山等级。部分地区还对地热、矿泉水、建筑砂石等征收了资源税。

（三）逐步实施原油、天然气等资源税从价计征改革

为合理发挥资源税的调节作用，2007 年财政部会同有关部门研究提出了资源税改革方案，建议按照"先易后难，分步实施"的改革原则，逐步将原油、天然气、煤炭等资源税由从量计征改为从价计征。但由于 2007 年后国内价格形势较为严峻，2008 年下半年又受到国际金融危机影响，资源税改革方案未能出台。2010 年 5 月，国务院批准自 2010 年 6 月 1 日起在新疆率先实施原油、天然气资源税从价计征改革，税率为 5%；自 2010 年 12 月 1 日起，改革扩大到整个西部地区。在总结改革试点成功经验的基础上，国务院于 2011 年 9 月 30 日重新修订发布了《资源税暂行条例》（国务院令 605 号），增加了从价定率计征办法，规定自 2011 年 11 月 1 日起在全国范围内实施原油、天然气资源税从价计征改革。同时，统一了内外资企业的油气资源税收制度，取消了中外合作油气田和海上自营油气田征收的矿区使用费，统一改征资源税。此外，还调整了焦煤和稀土矿等资源品目的税额幅度。2013 年 1 月 1 日，为支持湖南、湖北"两型"社会建设，经国务院批准，在两省实施了部分金属和非金属矿资源税从价计征改革试点，并清理和取消了相关收费基金。

（四）深化原油、天然气外其他品目资源税改革

根据中央关于加快资源税改革的要求，近年来财政部会同相关部门一直在积极推进除原油、天然气外其他资源品目的资源税从价计征改革，同时清理规范相关收费基金。2014年9月，国务院批准了煤炭资源税从价计征改革方案，自2014年12月1日起在全国范围内实施煤炭资源税从价计征改革，同时清理规范相关收费基金。按照现行财政管理体制的规定，除海洋石油、天然气资源税收入归属于中央外，其他资源税收入全部归属于地方。

通过改革，初步扭转了资源开采中"采富弃贫"的状况，促进了对中低品位资源的合理利用；对清理收费基金形成了"倒逼"机制，进一步理顺了资源税费关系；增加了资源地区财政收入，提高了地方政府在环境保护和民生改善等方面的能力。

二、资源税制度的国际经验

（一）资源税（采矿税、权利金等）

以OECD国家为例，从五个方面进行介绍。一是资源税体系。其除包括矿产资源税和盐税外，还包括针对水、森林、渔业和土地资源等的相关税收，其所形成的资源税费体系既包括资源税、资源费，也包括可交易许可证制度、环境激励补贴等，形成了资源管理的立体网络。二是计税方式。大多数国家采取从量与从价相结合的计税方式，如美国部分州、澳大利亚等国家与地区采取从价征收，美国部分州采取从量征收，加拿大大部分州、南非和智利等国家与地区采用按净利润征收。三是激励政策。许多

国家采取大量的补贴激励政策，如加拿大有9项以保护资源为目的的补贴计划。四是征收率。OECD国家资源税的征收率一般在2.5%—20%之间，油气较高，有的国家达到40%。五是资源税的归属。大部分是中央和地方共享，如美国、日本、澳大利亚等国；也有中央独享，给地方以财政补偿，如英国。

（二）资源租赁税

它是直接对矿产资源产生的经济租金所课征的税收，也被称为超额利润税、附加利润税等。其最典型的计征方式是从一个矿产资源开采项目的累计收入中扣减掉累计成本，然后对一定回报率之上获得的收益课征。目前开征资源租金税的国家并不太多，且主要针对油气资源征收，包括澳大利亚、哈萨克斯坦、纳米比亚、巴布亚新几内亚、塞内加尔、乌兹别克斯坦等国。

（三）红利

它是在授让矿业权时，向矿业权受让人收取的一笔费用，反映了矿产资源所有者的部分财产收益。红利的支付可以按照事先确定的标准，在授予矿业权时一次性缴纳，或者在项目勘查、开发和利用的不同阶段缴纳；也可以通过拍卖矿业权方式决定最终数额。

（四）地面租金

它也称矿业权租金、矿地租金、占用费等，一般是按占用的土地面积收费，每年缴纳，其收缴标准则根据矿产资源活动所处阶段以及使用年限而不同。其目的主要不在于取得收入，而是为了防止投资者占用土地而不进行勘查或开采活动。

### 三、加快资源税改革

#### (一) 改革的目标

通过加快资源税改革,进一步理顺资源税费关系,建立反映市场供求和资源稀缺程度、体现生态价值和代际补偿的资源有偿使用制度和生态补偿机制,构建有利于资源节约、环境保护、经济结构调整和发展方式转变的资源税收制度,强化税收在自然生态环境保护方面的调控作用,促进经济发展与资源环境相协调。同时,优化资源开采地区收入结构,改善地区发展环境,协调区域经济发展。

#### (二) 改革的总体思路

按照党的十八届三中全会决定要求,积极推进资源税费改革。一是按照清费立税和税费联动的原则,继续深化除原油、天然气外其他品目资源税从价计征改革,同时清理规范相关收费基金。二是研究推进将资源税扩展到占用水流、森林等各种自然生态空间工作。按照成熟一个扩大一个的原则,逐步扩大资源税征收范围。三是结合改革进展情况和税收法定原则,适时将《资源税暂行条例》上升为《资源税法》。

#### (三) 改革的主要内容

一是加快推进除原油、天然气外其他资源品目的资源税从价计征改革,同时清理规范相关收费基金项目,并结合资源条件、经济社会发展情况、企业承受能力、清理收费基金等因素合理确定税负水平。清费立税是国务院确定的改革原则,也是中央政治局审议通过的《深化财税体制改革总体方案》的明确要求。目前，资源开采行业收费项目较多，还存在一些违规收费现象，清理规范相关收费基金有利于规范财税秩序，强化预算约束，促进依法行政，合理确定企业税费负担。二是逐步扩大资源税征税范围。党的十八届三中全会决定提出，逐步将资源税扩展到占用水流、森林等各种自然生态空间。为此，财政部会同有关部门已启动了扩大资源税征收范围的研究工作，拟根据相关资源特点、资源税费性质，分步将水流等自然资源纳入资源税征收范围。

（四）改革的实施步骤

按照"先易后难，分步实施"的原则推进改革。原油、天然气资源税改革已于2011年顺利实施，2014年9月国务院已批准了煤炭资源税改革方案，下一步工作的重点是做好煤炭资源税改革实施工作，在总结原油、天然气、煤炭资源税改革经验和清理取消相关收费基金的基础上，加快推进实施其他品目资源税费改革。例如，根据《中华人民共和国水法》的规定，直接从江河、湖泊或者地下取用水资源的单位和个人应缴纳水资源费。与收费相比，税收更具权威性和规范性，在征管上也有保障。水资源属于国家所有，征收水资源税也比征收水资源费更合理。因此，可将实施水资源费改税、对水征收资源税作为扩大资源税征收范围的切入点。下一步应结合相关资源特点和资源税费性质，加快扩大资源税征收范围工作进程。

# 第四节　建立环境保护税制度

环境保护税是通过税收手段将环境污染和生态破坏的社会成本内部化到生产成本和市场价格中去，再通过市场机制分配环境资源的一种经济手段。改革开放以来，我国经济社会发展取得举世瞩目的成就，但经济发展与资源环境的矛盾日趋尖锐。党中央、国务院采取了一系列法律、行政和经济手段解决资源环境问题，环境税费制度是其中非常重要的环境经济手段之一，但还不能适应生态文明建设的迫切需要，与发达国家较为完善的生态环境税收体系相比还有较大差距。按照全面深化财税体制改革的有关要求，建立环境保护税制度，对于保护生态环境、促进公平竞争、促进社会经济可持续发展具有重要意义。

## 一、我国现行环境税费体系

我国现行税制中，与环境有关的税种主要有消费税、资源税、耕地占用税、增值税、企业所得税等。同时也有排污费和污水处理费等收费。根据污染物产生和生态破坏的环节，可以划分为资源开采、原料使用和产品生产、产品消费和使用三个环节，这些税费在每个环节都不同程度地发挥着调控作用。

1. 资源开采环节。资源的开采主要是指各种自然资源的开发利用。在开发利用过程中，不仅有资源的合理节约使用问题，也有环境污染和生态破坏问题。但目前与资源开采环节相关的税种——资源税和耕地占用税，调控的主要目的是资源的节约利用，缺乏对环境污染和生态破坏外部性行为的补偿和惩罚。

2. 原料使用和产品生产环节。原料使用和产品生产环节产生的污染物主要是废水、废气和固体废弃物，特别会产生对气候变化有较大影响的二氧化碳（$CO_2$）排放。现行税制在此环节没有设置相关税种对污染物排放行为进行调节，主要通过排污费来发挥调控作用。

3. 产品消费和使用环节。产品消费和使用环节的污染，主要是消费和使用相关产品所造成的环境污染和生态破坏。其中，一部分是能源产品使用造成的污染物和二氧化碳排放；另一部分是特种污染产品所造成的环境污染。在产品消费和使用环节具有调节作用的税费主要有消费税和对特定污染物征收的处理费等。

## 二、环境保护税制度的国际经验

环境保护税，又称"环境税""生态税"，最早是由英国经济学家庇古提出的，是为纠正环境污染产生的负的外部性而征收的税种，通过征收环境税的方式使经济个体的私人成本接近或等于社会成本。征收环境税凸显了国家和政府对环境保护问题的干预和调节，而且可以根据不同的经济发展阶段和环境状况，采取不同的政策方式和组合，因而在国外的环境保护实践中得到了较为广泛的应用。

（一）各国主要做法

从各国对污染物和二氧化碳排放征税情况看，多数国家对废气、废水、固体废弃物、噪音和二氧化碳分别征税。目前有 9 个国家开征了二氧化碳排放税，均为在全境范围内征收。从形式上看主要有开征新税种和作为大气污染排放税（或环保税）的子税目两种类型。各国对环保税收的征管机构主要有三大类，大部分国家由环保部门负责征管，一部分国家由财税部门负责征管，少数国家由其他部门负责。对于环保税的收入使用，多数国家规定用途，实行专款专用，主要是用于保护生态环境和弥补污染对环境的损害，包括纳入环境基金用于环境治理，个别国家纳入各级政府一般预算。

（二）国际做法对我国的启示

纵观各国环保税收的变迁过程，可以从环保税国际经验中总结一些值得关注的特点和趋势：

1. 开征的首要目的应有利于国内生态环境改善和经济结构调整。从国际环保税收发展的历史可以发现，自 20 世纪 60 年代以来，各国基本是立足于本国国内环境污染治理、调整能源结构和使用方式，有针对性地开征不同的环保税种。我国目前处于社会经济快速发展阶段，污染排放正值高峰，因此设计开征环保税必须要根据国情设置，要以解决我国当前环境问题为主要目的，积极谨慎地承担国际责任。

2. 开征步骤上应采取循序渐进的推进方式。各国制定的环保税收政策，都是与本国主要环境问题以及经济发展背景紧密联系的。在开征初期，一般只是为了本国区域内污染治理、环境保护的目的而设置环保税。当度过了污染排放的高峰期后，就转向主要对环境有害品（产品和能源）的课税，同时为履行包括二氧化碳在内的温室气体减排的国际承诺，结合本国的碳减排政策开征二氧化碳税。我国在进行环境税制改革时也应采用逐步引入的方式，充分考虑经济社会承受能力和政策推行的可行性，集中力量先开征污染排放税，二氧化碳税目则可以定下时间表，适当后置开征。

3. 设置一个综合性环境保护税种符合国际发展趋势和我国国情。从税种设置上看，早期开征环保税的国家基本是针对某类污染物开征具体税种，但 20 世纪 90 年代以后，越来越多的国家采取了开征综合税种的方式，对两类以上的污染物征税（如同时对废气和废水征税）。对我国来说，分别对各类污染物排放设置单行税种，不符合目前我国"简税制"的税制改革方向，因此我国的环保税在设置税目上，可以考虑在应税污染物（包括大气污染物）之外，单设应税二氧化碳税目。这不仅有利于摆明我国政府积极应对气候变化和进行二氧化碳减排的决心，同时也有利于在税制操作上择机引入、分步推进。

4. 计税依据应将衡量污染物的科学性和可操作性结合起来。各国在征收环保税时，除了按照污染物和二氧化碳的特性设定计税依据外，并不拘泥于单一的税制设计，一般是根据经济社会情况和征管基础采取灵活的政策来实施。如有的按监测的排放量计税，有的按照原料消费量计税，有的还以按户按月的固定税率来计税。因此，在计税依据上，我国应根据现有征管手段所能达到的水平，将衡量污染物的科学性和可操作性结合起来，综合确定计税依据。

5. 允许各地区在一定范围内选择适用税率。在各国征收环保税的过程中，国与国之间税率水平差异很大，同一国家内的不同地区税率水平也存在差异。这是由于，税率水平一般是结合开征地区的具体情况而确定的，不同地区环境容量、减排成本以及经济发展水平相差较大。在我国环保税税率设计上，也应考虑地区之间的差异，赋予地方一定的灵活性。但同时也要注意过大的地区间税负差异既可能影响到总体污染控制效果，也可能造成污染源在不同地区的转移。因此，可规定各地区在国家统一规定的税率幅度范围内，按照一定的原则设定具体税率。同时，我国正处于污染物减排的攻坚阶段，激励生产环节的环保行为十分重要，排放税也可能获得显著的环境红利，并通过提供激励获得环保技术进步的红利。我国排污费既有的费率水平较低，环保税费改革后，可以在一定的时间内，逐步提高税率，并明确初始税率至有效税率水平的预期，这既能保证环保税的实施效果，又便于企业制定其发展和节能减排规划。

6. 税收优惠体现环境保护的政策导向。虽然各国环保税优惠的具体政策各式各样，但总体上体现了税收中性原则和环境保护的政策导向。税收优惠政策主要体现为鼓励减少排放、循环利用以及投资于保护环境的技术和设备等行为，同时对于征税后受影响较大的基础产业或行业给予保护，如农业、征收二氧化碳税的能源密集型行业。

7. 根据国情确定征管模式。环保税的计税依据是污染物排放量。影响污染物排放量的因素较多，需要依靠环境监测技术手段和环境管理经验，在这方面环保部门无疑具有优势，这也是国外大多数国家由环保部门征收环保税的原因。但从我国国情考虑，"费改税"是财税体制改革与规范财政收支分配关系的一个重要内容。而排污费改为税，并由税务部门征收在执法上更具有刚性。因此，根据国情确定征管部门并发挥税务部门和环保部门各自的优势，是减少征管成本、提高征收效率的关键。

8. 运用综合配套制度保证环保税实施效果。国外在征收环保税时，都进行了配套制度的安排以保证环保税的实践效果。我国一是要做好环保税与总体税收制度的协调，在开征环保税时，要调整现行有关税种规定，通过消费税、资源税等税种改革，增加税收工具在节约资源、清洁生产、循环利用等方面的调控手段；二是要综合运用经济手段促进节能减排，如开展金融绿色贷款等；三是要充分考虑与现行各种环境法律、行政规章之间的衔接和协调，避免冲突。

## 三、开征环境保护税的总体思路

加快环境税费改革和制定《环境保护税法》，有利于进一步绿化税制，促进经济发展方式转变；有利于减少污染物排放和能源消耗，促进经济结构调整和产业升级；有利于理顺环境税费关系，推动地方政府加强环境保护工作；有利于加强部门配合，强化征管，保护纳税人的合法权益。

（一）指导思想

根据党中央、国务院关于深化财税体制改革的决策部署，立足我国国情，借鉴国际经验，优化环境税费政策体系，建立科学、规范的环境保护税收制度，通过对污染物和二氧化碳排放行为征税，充分发挥税收在环境保护方面的调控作用，为建设资源节约型、环境友好型社会，实现经济与环境的全面协调可持续发展提供保障。

（二）基本原则

一是重在调控。征收环境保护税，首要目的不是取得财政收入，而是使污染者和破坏生态者承担必要的污染治理与环境损害修复成本，引导企业生产经营行为，减轻环境污染和生态破坏。二是正税清费。按照正税清费的原则，逐步清理、整合和规范排污费等针对环境保护的相关收费，推进环境税费改革，规范政府与纳税人的收入分配关系。三是合理负担。兼顾发挥调节功能和纳税人实际承受能力，综合考虑现行排污收费标准、污染治理成本和环境损害修复成本之间的关系，合理确定环境保护税的税负水平。四是有利征管。科学设计环境保护税的征管方式，力求简便易行；加强环保部门和财税部门配合；明确相关部门的法律责任，堵塞征管漏洞，降低税收征纳成本。

（三）主要内容

一是通过实施费改税将现行排污费改为环境保护税，先立法后开征。二是参照现行排污收费项目设置税目，包括大气污染物、水污染物、固体废物、噪声等，择机对二氧化碳征收环境保护税。三是将排放量作为主要计税依据。四是综合考虑现行排污费收费标准、实际治理成本、环境损害成本和收费实践情况等因素设置税率。五是合理设置税收优惠。六是加强部门配合，明确相关部门的法律责任，强化环境保护税的征收管理。

在环境保护税立法中，要注重与现行法律、行政法规的衔接。目前，环境保护法、水污染防治法、大气污染防治法、固体废物污染环境法、环境噪声污染防治法、海洋环境保护法和排污费征收使用管理条例等法律、行政法规对排污收费项目的征收标准和使用作出了规定。环境保护税法通过后，环境保护税将取代排污收费项目，依照宪法和立法法的有关规定，制定环境保护法时一并修改或废止上述法律和行政法规的有关规定。

# 第五节　加快房地产税立法并
# 适时推进改革

加快房地产税立法并适时推进改革，是深化财税体制改革的一项重要内容，对于建立现代财产税制度，逐步培育地方主体税种，推进地方政府治理方式转型，调节收入和财富分配，促进社会公平，推动房地产资源的节约集约利用，促进房地产市场平稳健康发展具有重要而深远的意义。

## 一、我国房地产税制度基本情况

房地产税是对房产、土地在保有环节征收的一种财产税。我国现行税制中没有这一税种，与之相近的是分别对房产征收的房产税，以及对土地征收的城镇土地使用税，分别开征于 1986 年和 1988 年。鉴于当时我国城市居民住房普遍实行福利分房制度，加之城镇居民收入水平普遍较低，房产税和城镇土地使用税的征税范围仅限于单位和个人的经营性房地产，对个人住房则实行免税。房产税以房产原值或租金收入为计税依据，城镇土地使用税以占用土地的面积为计税依据。按照现行财政体制，这两种税属于地方政府收入，2013 年收入合计约 3300 亿元，约占全国税收收入的 3%。

除了在房地产保有环节征收的房产税、城镇土地使用税以外，在房地产开发建设和交易环节，还涉及耕地占用税、契税、土地增值税、营业税、城市维护建设税、印花税、企业所得税和个人所得税等税种。其中，建设环节涉及耕地占用税、契税、城镇土地使用税、建筑安装营业税及附征的城市建设维护税、企业所得税和印花税；在交易环节，卖方要缴纳销售不动产营业税及附征的城市建设维护税、土地增值税、企业所得税（或个人所得税）、印花税，买方要缴纳契税和印花税，个人买卖住房目前暂免征收土地增值税和印花税。

## 二、国外房地产税的通行做法

### （一）国外房地产税功能定位

1. 主要功能在于为地方政府提供稳定的税收收入。无论是从理论还是从国际经验来看，房地产税最重要的作用是为地方政府提供公共财政收入。通过房地产税，地方政府可以将税收收入与当地公共服务有效地对应起来，提高公共财政支出的效率。同时，由于房地产税是地方税收，地方政府在一定程度上具有支配权，相比财政转移支付，房地产税能促使地方政府更加有效地根据当地需求提供更好的公共服务。

房地产税之所以能成为地方政府重要的税收收入来源，主要原因在于：一是税收收入与支出的对应性强。房地产税收入主要用于为本地区提供治安、道路、路灯、绿化等居民能够直接享受到的公共服务，税收与公共服务具有很强的直接对应性。这种当地税收用于当地公共服务的机制能够有效地满足当地民众对公共服务的需求。二是房地产税的稳定性强。与所得税或货物劳务税不同，房地产税的计税依据为房地产评估价值。房地产评估价值在经济周期中的波动小于商品价格和现金收入，加之其税源具有可观察性，易于征管，房地产税收入因此相对稳定。在本轮国际金融危机中，经济下滑导致美国整体税收收入出现大幅度下滑，而唯一例外的是美国财产税收入仍保持稳定。稳定的财产税收入使得大部分美国地方政府能够在危机中继续提供公共物品和服务。与其他税种相比，无论是从财政原则、效率原则还是公平原则来看，房地产税不失为地方政府理想的收入来源。

2. 具有一定的收入调节和优化资源配置功能。除了有效筹集地方政府收入外，房地产税作为财产税的一种，可以起到调节财产分配和优化资源配置的作用。根据理论研究，房地产税具有累进性，可以缩小房地产资产的"贫富"差异。此外，房地产具有资源和民生属性，如果仅靠市场调节，很可能会产生大量房地产资源集中在少数人手中的现象，从而造成资源分配的不均以及随之而来的社会问题。而通过房地产税可以提高房地产保有成本，从而促进房地产资源的合理流通，实现房地产资源的节约集约利用。

3. 对于房地产价格的调节作用有限。房地产税对房价的影响主要是基于税收的资本化原理。资本化是指政府对财产的征税行为影响了潜在购买者对这一财产的出价。如果在一个透明、公开的市场环境下，开征房地产税一方面由于资本化效应，降低一部分资产价值；另一方面如果房地产税收入用于公共支出，又会增加一部分资产价值。因此，房地产税对于房价的影响取决于这两个方面的综合效应。

通过房地产保有环节的财产税来抑制房地产投机的做法，比较典型的案例是韩国的综合房地产税和日本的固定资产税（2003年停征）。研究发现，韩国2005年推出的综合房地产税可能对部分高端房产造成一定影响，但对整体房价并没有起到明显的抑制作用。日本的固定资产税也没有达到预期效果。

## （二）国外房地产税的特点

目前，世界上有一百三十多个国家和地区开征房地产税，并具有以下特点：一是对包括住房在内的房产普遍征税，征税区域覆盖城乡。二是以房地产所有人为纳税人。三是按评估值征税，使房地产税计税依据能够动态反映房地产的价值。四是实行幅度比例税率，地方政府在税法范围内有一定的税政自主权。五是根据房地产不同用途（例如住宅、商业、工业、农业）、价值、开发程度等因素实行差别化税率。如通常对已开发土地实行较低税率，以鼓励土地所有者最大限度地开发土地，实现土地的潜在价值；对住宅往往实行较低税率，对农业用地和农用房地产采用较低税率，而对工商业用地适用较高税率。六是优惠范围较窄，主要对低收入家庭等特殊困难群体的房产或低价值房产，给予一定的税收优惠。优惠方式主要有直接减免税、设置起征点、税前扣除、减少税基、退税、延迟纳税等。

## 三、我国房地产税改革的工作进展

2003 年，党的十六届三中全会决定提出，实施城镇建设税费改革，条件具备时对不动产开征统一规范的物业税（注：即房地产税）。此后，根据中央的要求，相关部门开展了一些基础性工作，包括房地产税税制研究、房地产模拟评税试点以及在上海市和重庆市开展个人住房房产税改革试点等。

### （一）房地产模拟评税试点

按照房产原值和土地面积计税存在的计税依据不合理、不规范问题，是房产税和城镇土地使用税的一个突出弊端。从国际经验和我国的实际情况看，对房地产按评估值征税具有必要性，这也是房地产税改革的一项重大基础性工作。因此，从2003年5月开始，财政部会同国家税务总局先后分三批在北京、辽宁、江苏、深圳等10个省（区、市）的32个县（市、区）开展了试点，针对单位和个人经营性房地产，探索运用计算机系统批量评估房地产税税基的可行性和具体办法。从2010年开始，试点范围逐步扩大到全国所有省份。

房地产模拟评税试点的主要内容包括：一是整合房产、土地等部门的房屋产权、地籍等资料，开展税源调查，获取模拟评税所需要的房地产基础数据，建立数据库。二是开发满足不同地区评估业务需要的评税软件，采用成本法、市场法和收益法等适当的评估方法，对房地产价值进行批量评估。三是分析、评估测算对各类纳税人和财政收入的影响，并据此完善相关改革方案。四是研究建立按评估值征税的相关征管制度。五是研究建立按评估值征税的争议处理机制。

总的来看，十年来模拟评税试点工作取得了阶段性成果，试点地区建立了房地产信息数据库，初步建立了评估工作机制，设计开发了批量评估计算机系统，培养了一批评估人才，在技术层面为推进房地产税改革进行了积极探索。

（二）上海、重庆个人住房房产税改革试点

为了合理调节收入分配，引导居民合理进行住房消费，为房产税改革积累经验，2011年1月28日，根据国务院常务会议精神，上海、重庆两市开始进行对个人住房征收房产税改革试点。

征收对象方面，上海市为本市居民家庭在本市新购且属于该居民家庭第二套及以上的住房和非本市居民家庭在本市新购的住房；重庆市为个人拥有的独栋商品住房、个人新购的高档住房以及在重庆市同时无户籍、无企业、无工作的个人新购的第二套及以上的普通住房。税率方面，根据房产价格水平实行分档税率，上海为 0.4% 和 0.6% 两档税率，重庆为 0.5%、1% 和 1.2% 三档税率。免税面积方面，为保障居民的基本居住需求，两市均规定了一定免税面积，只对超出标准的面积征税。上海规定免税面积为人均 60 平方米；重庆规定存量独栋商品住房免税面积为 180 平方米，新购的独栋商品住房和高档住房免税面积为 100 平方米。征收时间方面，上海规定每年 12 月 31 日前缴纳税款，重庆规定纳税期限为每年的 10 月份。两市试点期间征收的房产税收入全部用于保障性住房建设。

两市试点以来，总体运行平稳，取得了积极成效，为进一步推进房地产税改革打下了基础：一是使个人住房房产税改革从理论变为现实，初步形成了对个人住房征税的一套办法，特别是重庆直面存量住房征税这一难点，在税制要素设计、征收管理、纳税服务等方面积累了有益经验。二是探索形成了对个人住房征税的办法和征管机制，促进了税务机关征管理念、工作作风的转变，积累了对个人征税的经验。长期以来，税务机关主要是对企业纳税人征税，对个人纳税人征税较少，缺乏有效经验和手段。个人所得税基本上实行代扣代缴，车船税大部分由保险机构代收代缴，因此对个人住房征税是一个新的尝试。试点中，两市结合本地实际建立了比较完善的征管体系，不仅实现了很高的征收率，而且纳税人反应平稳，没有引起大的征管矛盾。三是与限购、限贷等房地产市场调控政策相配合，对抑制投机投资性购房需求，引导合理住房消费发挥了积极作用。试点后，在上海市新购住房中，近70%是90平方米以下的小户型住房，应税住房中有90%适用0.4%的优惠税率，主要集中在非中心城区，基本实现了引导集约型住房消费、鼓励人口向郊区转移的政策导向。重庆市高档住房的需求受到抑制，主城区高档住房上市建筑面积占商品住房批准上市建筑面积的比例由试点前的10%下降到2013年的6.4%，高档住房成交面积占全部住房成交面积的比重由试点前的9.2%下降到2013年的2.8%。

## 四、推进房地产税立法与改革的方向

党的十八届三中全会提出要加快房地产税立法并适时推进改革，为今后的房地产税制建设指明了方向。在以往改革工作成果的基础上，推进房地产税立法，把立法决策与改革决策紧密结合起来，以法治方式推动和保障改革，对于顺利推进房地产税改革具有重要意义。

### （一）我国房地产税的功能定位

从税收、财政与国家治理的关系来看，财政是国家治理的基础和重要支柱，税收制度是财政制度的重要组成部分。党的十八届三中全会决定提出的深化税收制度改革的重要目标，无论是完

善地方税体系，还是逐步提高直接税比重，都与房地产税直接相
关。加快房地产税立法并适时推进改革，有利于优化税制结构，
夯实财政这一国家治理的基础和重要支柱，促进地方政府职能转
变，对于推进国家特别是地方治理能力与治理水平的现代化具有
重要意义。具体来看，我国目前开征房地产税具有以下功能和
意义：

一是逐步培育地方税主体税种，推进地方政府治理方式的转
型和治理能力的现代化。目前，地方政府严重依赖土地当期收
入，财政可持续性较差。现有地方税收收入规模小、主体税种不
突出，是制约完善地方税体系以及建立事权与支出责任相适应制
度的重要因素。房地产税是完善地方税的首选，有利于建立地方
政府收入增加、公共服务改善和居民财产价值升值的良性循环。
同时，通过重塑房地产税管理机制和征管流程，建立区域房地
产、信用等基础数据统一平台，有利于推进地方政府治理方式的
转型和治理能力的现代化，进而推动国家整体治理的现代化。

二是调节收入和财富分配，促进社会公平。房地产税具有累
进性，可以缩小房地产资产的"贫富"差异。特别是当前，我
国城乡区域发展和居民收入分配差距依然较大。房地产是我国居
民财富的最重要组成部分。近年来，房价逐年攀升，居民持有财
富的价值差异越来越大，加剧了贫富差距。如果说个人所得税调
节的是增量财富（收入），房地产税则调节的是存量财富（财
产）。实施房地产税改革，住房数量多、面积大、价值高者多缴
税；数量少、面积小、价值低者少缴税或不缴税。在个人所得税

调节财富增量的同时，通过房地产税对个人财富存量进行调节，二者相辅相成，共同发挥调节收入和财富分配、促进社会公平的作用。

三是推动土地房屋资源的节约集约利用，促进房地产市场平稳健康、可持续发展。房地产业对我国经济持续快速增长发挥了重要作用。但房地产市场多年的发展也积累了很多问题，主要包括住房市场供需结构不合理、空置房产较多、部分城市房价过高、工业用地成本低、土地利用效率不高等，在我国"人多地少"的基本国情下，这些问题带来的矛盾越来越尖锐，不利于经济社会的安全稳定及可持续发展。房地产税改革，将弥补住房保有环节税收调节的空白，增加住房持有成本，引导居民合理进行住房消费，促进房地产市场平稳健康发展；对工商业房地产按评估值征税，将提高工商业用地成本，促使企业节约集约用地，优化用地结构。

（二）房地产税立法与改革的基本思路

房地产税立法与改革的基本思路是加快推进房地产税立法，逐步建立"税基广泛、基本保障、负担公平、征管便利"的现代房地产税制度，合并房地产保有环节征收的房产税、城镇土地使用税，在保障基本居住需求的基础上，对所有经营性房地产和个人住房统一开征房地产税，按评估值确定计税依据，适当降低房地产建设、交易环节的税费负担。改革后，房地产税逐步成为地方政府持续稳定的财政收入来源和县（市）级主体税种。

（三）房地产税立法与改革的难点

一是要切实把握好改革的力度。房地产税立法与改革调节的利益主体多、影响面大，既涉及企业和个人负担的变化，也涉及政府尤其是地方政府收入结构的调整和职能的转变，还影响到房地产市场及宏观经济的运行。特别是考虑到我国长期对个人住房免税，社会公众完全接受房地产税还需要一个过程，改革初期要把握好对个人住房征税的力度。

二是构建全新的房地产税征管机制。我国税制以间接税为主，税务机关主要对企业纳税人征税，对个人纳税人的征税存在不少困难和问题。现行房地产相关基础信息的收集与运用分散在各相关部门，对税收征管的支撑作用亟待加强。加快房地产税立法与改革，必须对现行税收征管模式进行改革与创新，建立健全房地产税征管及配套制度。在目前我国居民个人和家庭房地产相关信息的统计和共享机制还不健全、不动产统一登记制度尚未建立的情况下，可借鉴国际通行做法，修订、完善税收征管法，构建以纳税人自主申报为核心和起点、辅之以税务部门交叉稽核的征管模式，通过建立利益引导、约束惩罚等机制，提高纳税人的遵从度，做到自主申报、按时纳税。

三是推进房地产信息共享。房地产税的征收管理离不开对个人及家庭房地产信息情况的全面掌握。目前，我国房地产管理的信息化水平仍有待进一步提高，而且还面临着信息分散化的问题。因此，房地产税立法与改革过程中，要加强部门间的协调配合，推进建立相关信息的共享平台，为房地产税的征收管理提供完善、高效的信息保障。

四是同步推进配套改革。房地产税立法与改革是一项系统工程，要统筹考虑建设、交易环节税负均衡。在增加房地产保有环节税收的同时，同步推进税费改革，适当降低建设、交易环节的税费负担，为房地产市场的健康发展奠定税费制度基础。

## 第六节　逐步建立综合与分类相结合的个人所得税制度

个人所得税是以个人（自然人）取得的应税所得为征税对象所征收的一种税。自 1799 年诞生以来，经过两百多年的迅速发展，目前已成为世界各国普遍开征的一个重要税种。我国自1994 年实施《个人所得税法》以来，不断发展完善，在筹集财政收入、调节收入分配方面发挥了积极作用，但现行分类税制在充分体现税收公平方面有一定的局限。逐步建立综合与分类相结合的个人所得税制，对优化国民收入分配格局，保障和改善民生，实现社会公平正义具有重要意义。

### 一、我国个人所得税的历史沿革

1950 年 1 月，政务院发布了新中国税制建设的纲领性文件《全国税政实施要则》，其中涉及对个人所得征税的主要是薪给报酬所得税和存款利息所得税。但由于我国生产力和人均收入水平低，实行低工资制，虽然立了税种，却一直没有开征。1978年，我国实行改革开放政策，税制建设也进入了一个新的发展阶段。为适应改革开放的需要，我国相继开征了对外籍个人征收的个人所得税、对国内居民征收的城乡个体工商业户所得税和个人收入调节税。上述三个税收法规发布实施以后，对于调节个人收入水平、增加国家财政收入、促进对外经济技术合作与交流起到了积极作用。1994年将上述三税修订合一，颁布实施了新的《个人所得税法》，初步建立起符合我国实际的个人所得税制度。

现行个人所得税制自1994年1月1日实施至今，不断发展完善，主要改革内容包括：

一是调整工薪所得减除费用标准。从2006年1月1日以来，三次提高了减除费用标准，由800元提高到3500元，同时调整了工薪所得和个体工商户（含个人独资、合伙企业）生产经营所得税率级距。

二是对个人独资企业和合伙企业投资者征收个人所得税。从2000年1月1日起，对个人独资企业和合伙企业停征企业所得税，只对其投资者的经营所得比照个体工商户的生产经营所得征收个人所得税，解决了个人独资企业和合伙企业投资者双重征税问题。

三是恢复征收、减征、停征利息税。根据经济形势的发展变化，配合国家宏观政策调控需要，1999年11月1日起对个人存款利息恢复征收20%的个人所得税，自2007年8月15日起对个人存款利息减按5%的税率征收个人所得税，从2008年10月9

日起暂免征收利息税。

四是对限售股征收个人所得税。为进一步完善股权分置改革后的相关制度，发挥税收对高收入者的调节作用，促进资本市场长期稳定健康发展，自 2010 年 1 月 1 日起对个人转让限售股所得按 20% 的税率征收个人所得税。

五是对企业年金、职业年金实行递延纳税优惠政策。为促进我国多层次养老保险体系的发展，自 2014 年 1 月 1 日起，实施企业年金、职业年金个人所得税递延纳税优惠政策。对单位和个人不超过规定标准的企业年金或职业年金缴费，暂从个人当期应纳税所得额中扣除；个人从企业年金或职业年金基金取得的投资收益暂不缴纳个人所得税；对个人实际领取的企业年金或职业年金按规定征收个人所得税。业界普遍认为该政策出台对于企业年金和职业年金发展具有里程碑意义，有助于年金市场的健康发展。

六是清理税收优惠，逐步缩小内外籍人员税收待遇。2008年 3 月 1 日工薪所得减除费用标准由 1600 元/月提高到 2000元/月后，为逐步缩小中外籍人员减除费用标准的差距，将外籍人员附加减除费用标准由 3200 元/月降为 2800 元/月，使外籍人员的减除费用总额保持 4800 元/月不变。2011 年工薪所得减除费用标准提高至 3500 元/月后，外籍人员附加减除费用标准进一步降至 1300 元/月，仍保持 4800 元/月不变。

七是建立年所得 12 万元以上纳税人自行纳税申报制度。为建立健全个人所得税自行申报制度，加强对高收入者的调节力度，有利于税务机关加强税源管理，从 2006 年起开始实施年所得 12 万元以上纳税人自行纳税申报制度，自行申报人数逐年增加。

## 二、个人所得税改革的国际经验

在经济全球化的背景下，我国个人所得税制的调整和改革也应置于全球税制改革的背景下，积极借鉴国外的成功经验。世界各国的实践证明，个人所得税在保证国家财政收入及时、稳定、可靠方面的优越性，使其成为西方发达国家的主要税种。个人所得税又具有直接对纯收入课税，税负不易被转嫁、可以较好地体现"量能负担""劫富济贫"等特点，因此，它又常被认为是政府调节社会再分配的有力和理想的工具。进入 20 世纪 90 年代以后，西方各国又掀起了新一轮个人所得税改革，其改革的基本经验是：

### （一）实行综合的税制模式

从国际上看，个人所得税按其征收方式可分为综合税制、分类税制、综合与分类相结合的税制三种类型。综合税制是按年纳税，要求纳税人就其全年全部所得，在减除了法定的生计扣除额和可扣除费用后，适用超额累进税率征税。分类税制是将个人各种性质的所得进行分类，分别扣除不同的费用，以不同的税率课税。综合与分类相结合的税制模式兼有综合税制与分类税制的特征，主要是对部分所得项目分别按不同的比例税率实行源泉扣缴，对其余所得项目到年终综合起来，适用累进税率征税。

综合税制的优点在于能有效反映纳税人的综合负税能力，体现量能负担的原则；缺点在于手续繁琐，税收成本高。分类税制的优点是能够广泛采用源泉课征方法，征管简便；缺点在于不能充分体现量能负担的原则。从西方国家个人所得税的发展历史看，其税制模式是按照分类制、综合制、综合与分类相结合的顺序依次产生的。目前世界上纯粹采用分类税制的国家已经很少，只有中国和非洲、西亚的一些发展中国家，大多数国家都采用综合或综合与分类相结合的税制模式。

（二）扩大个人所得税税基

扩大征税范围主要表现在资本利得、附加福利上。美国1987年税改把所有实现了的资本收益都纳入税基，降低了消费信贷利息支出扣除范围。澳大利亚1986年将资本收益纳入税基，并首次对个人从雇主处得到的非货币收入课税。荷兰1987年将社会保障收益与个人从雇主处获得的收益纳入税基。新西兰1986年改革、联邦德国1986年改革、加拿大1988年改革及日本的改革方案等，均将资本收益项目全部或大部分纳入税基之中。

（三）降低最高边际税率

德国2000年的税制改革方案将最高边际税率由51%降至48.5%；日本政府1998年11月宣布促进经济发展的一揽子税收改革方案，中央个人所得税最高税率从50%降至37%，地方居民税的最高税率也从15%降至13%；法国2000年8月的减税方案将最高税率由53.25%降至52.75%；荷兰的2001年税制改革方案中，拟将工作以及拥有主要居所而获得的所得适用的最高边际税率从 60% 降至 52%；美国 2006 年个人所得税的最高税率将从 39.6% 降至 35%。

（四）建立税收管理方面的信息网络系统

实行纳税人识别号制度与信息网络系统相结合，增强信息的共享性。达到法定年龄的公民必须到政府机关领取纳税身份号码并终身不变，个人的收入、支出信息均在此税务号码下，通过银行账户在全国范围内联网存储，以供税务机关查询并作为征税的依据。许多欧盟国家和经合组织成员都建立了识别号制度。如澳大利亚税法规定，纳税人在缴纳各种税收之前，要进行注册登记，申请税务识别号。这样可以清楚、及时地掌握每个纳税人的情况，使税源得到很好的控制。

## 三、我国个人所得税改革的方向及初步思路

《国务院批转发展改革委等部门关于深化收入分配制度改革若干意见的通知》提出"加大税收调节力度，改革个人所得税"。党的十八届三中全会决定提出"逐步建立综合与分类相结合的个人所得税制"。"建立综合与分类相结合的个人所得税制"的目标是在深入剖析现行个人所得税制的问题和不足的基础上，参考借鉴国际经验，为充分发挥个人所得税筹集财政收入和调节收入分配的双重作用而确立的，体现了党和国家新时期的治税思想，充分反映了民意，符合税收的客观规律和税制现代化的要求。建立综合与分类相结合的个人所得税制并使其运转良好，要重点做好以下几方面工作：

（一）完善税制要素

1. 合并部分税目。从公平税负的角度出发，我国个人所得税制应向着综合的方向发展，但考虑到目前我国税收征管及社会配套管理措施尚不完善，税务机关难以充分掌握个人收入信息，从而有效监控税源。因此，近期实行完全的综合税制条件还不成熟，个人所得税改革宜先从"小综合"做起，如将工薪所得、劳务报酬等少数几项合并为综合所得，综合的项目虽然不多，但属于当前我国个人所得的主要收入来源，税务机关掌握的这些项目的涉税信息相对比较全面，综合征税的操作难度相对较小，改革风险可控。待征管配套设施和信息化系统逐步建立，社会综合治税体系逐渐完善，再逐步扩大综合所得的范围。

2. 完善税前扣除。在合理确定综合所得基本减除费用标准的基础上，适时增加赡养老人支出、抚养子女支出、住房按揭贷款利息支出等专项扣除项目，以更好地照顾纳税人本人及家庭的基本生活消费支出实际情况。同时，随着我国老龄化程度日益加深，建立多层次社会保障体系日益成为重要而紧迫的任务。为支持多层次社会保障体系的发展，在目前对基本养老保险、基本医疗保险和企业年金、职业年金已出台税收优惠政策的基础上，对个人储蓄性商业养老保险和商业健康保险可研究给予一定的税收优惠。

3. 优化税率结构。对现行工薪所得7级超额累进税率进行适当调整和优化，作为综合所得适用税率。研究完善利息、股息、红利、财产转让所得等分类所得的税率结构，更好地发挥个人所得税对不同种类收入的税收调节作用。

（二）建立个人收入和财产信息系统

党的十八届三中全会明确提出，要"建立个人收入和财产信息系统"。这是党中央推进国家治理现代化、推进改革创新的重要战略举措，也是加强个人税收征管的必然要求。当前，我国政务信息化建设快速推进，围绕政府部门的重要领域和重点业务开展的一系列信息化工程建设取得了实质性进展，已经具备了开展个人收入和财产信息系统建设的基本条件，可以通过建立综合性的信息平台，整合当前分散在各部门的信息资源，提供信息服务，并作为各部门间个人收入和财产信息沟通的数据枢纽。

全面推动个人收入和财产信息系统建设，应当按照党的十八大、十八届三中全会的精神和《国务院深化收入分配改革的若干意见》的指示，围绕"规范收入分配秩序，完善收入分配调控体制机制和政策体系"的目标，以构建个人收入和财产基础科目体系为基础，以建设科学、系统、全面的个人收入和财产信息系统为目标，以完善部门间个人收入和财产的数据交换、共享、利用等机制为主要内容，以开展"大数据""云服务"应用为重点，以自动化的第三方数据采集与交换、支出方和收入方双向申报等为手段，夯实基础、分步实施、重点突破、系统推进，构建我国个人收入和财产信息数据的综合数据库系统，加快服务收入分配制度和税制改革，推进国家治理的信息化、现代化水平。

个人收入和财产信息系统建设大体分为三个层次。首先，建立个人所得税直接相关收入与财产的信息平台，为个人所得税征管服务；其次，建立适合财税征管的信息平台，将数据范围扩展到房产、土地等其他财税管理信息，为其他财税政策管理服务；最后，将数据扩展至其他社会性收入和财产的管理信息，建成统一完整的个人收入和财产数据资源平台，为完善收入分配调控体制机制和政策体系服务。

（三）强化税收征管

研究建立全国统一的个人所得税征收管理制度和技术手段，同时，建立和完善个人收入和财产信息管理系统，建立健全税务部门对个人所得信息的收集和交叉稽核系统，确保综合与分类相结合税制模式的征管顺畅进行。通过个人收入和财产信息系统建设，提高税务机关掌握个人各类所得信息的能力，加强对资本类、实物类等所得的税收征管，加大对高收入者的税收调节力度。

# 第六章　建立事权和支出责任相适应的制度

财政体制是处理各级政府间财政关系的基本制度，是国家治理体系的重要组成部分。科学、合理、规范的财政体制，要实现事权和支出责任相适应，这对于促进国家治理体系和治理能力现代化、实现国家长治久安具有重要意义。

## 第一节　财政体制的国际比较

### 一、我国现行财政体制的功能定位

财政体制的首要任务是为树立中央权威、保证国家机器正常运转奠定财力基础，重点解决"稳定"问题，实现固本强基，无论何种形态的社会概莫能外。即使在法治较为完备的社会，中央或联邦政府也都在政府间初次分配时确立对地方的财力优势，并结合实行普遍补助制度，对地方政府施政行为进行必要的控制、引导与干预。对于法制不够健全、社会矛盾较为突出、民族构成复杂、文化多元化、地区差异悬殊的大国来说，没有中央雄厚的财力基础是极其危险的，维持基本稳定都将困难。纵观我国历史，凡是"弱干强枝"的时期，大多社会动荡、战乱频仍，而"太平盛世"往往都有雄厚的中央财力支撑。

在市场经济与现代文明社会中，财政体制的另一功能是解决"效率"问题。具体体现在两个方面：一是市场效率。提供一个让市场引导资源配置的中性制度环境和市场秩序，让市场主体充分公平竞争，市场机制在资源配置中发挥决定性作用。二是政府效率。明确各级政府的职责所在，各司其职、各负其责，形成良好的行政与社会秩序，提供优质的公共服务。此外，财政体制还是体现文明社会价值的重要载体。实现基本公共服务均等化，不论城乡、地域、民族差别，所享受的基本公共服务大体一致，促进社会公平正义，解决"公平"问题。

## 二、事权划分的国际比较

### （一）主要类型

现代国家的事权划分大体可以分为联邦制和单一制两种类型。在联邦制下，国家权力的最终归属由联邦和州依据宪法分享，双方均不得单方面改变宪法规定的权力分享格局。世界上有二十多个联邦制国家，一般都采取"联邦权限宪法列举、剩余权限由州保有"的方式确定各自事权。无论联邦如何集权，州保留的权限均有宪法保障，可以自主行使立法、行政、司法等职能。联邦与州的权力边界清晰，各司其职、互不干扰。由于修改宪法的条件相对苛刻，联邦与州的权限划分相对稳定。

美国政府是典型的联邦制政府，联邦和州之间形成合作关系，而非通常意义的上下级关系。在政府职权中，宪法未直接赋予联邦政府也未禁止各州行使的权力，均由州政府保留。德国作为一个由联邦、州和地方三级政府组成的联邦制国家，宪法赋予州政府高度的自治权，甚至包括宪法中已规定属于联邦政府的立法权限以外的立法权。

在单一制下，国家权力最终归属于中央政府，而地方政府所行使的权力完全由中央赋予，无论分权到何种程度，地方政府的事权始终是由普通法或个别法律甚至政令加以规定的。从典型单一制国家的经验看，一般具有如下特征：一是中央通过个别法或地方政府法典等法律，对各类型地方政府的事权进行明确划分，中央转移支付也直接分配到各类地方政府，没有中间环节。二是各种类型的地方政府之间在法律上是平行平等的，不存在隶属关系。三是无论哪种类型的地方政府，其行政规模都相对较小，自主财源相对较弱，自治程度相对较低，对中央的依赖程度较高。

英国宪法对地方政府的权限实行严格限制，只能执行中央赋予的权力，主要包括基础教育、住房、治安、消防、规划、垃圾收集处理等。日本规定都、道、府、县和市、町、村的地位平等、相互独立，没有领导和被领导关系，法律对都、道、府、县和市、町、村都授予各自职能范围内的全面权限，但都、道、

211

府、县可以对市、町、村的工作给予指导和建议，并对有关事项予以批准认可。

随着经济社会的发展和全球化进程不断加深，各国的纵向治理制度出现相互借鉴、彼此融合的趋势。如单一制国家出现一些地方自治倾向，联邦制国家的联邦政府职能不断强化扩张等。

（二）事权划分的一般做法

不管是联邦制国家还是单一制国家，政府间事权划分都有共通之处，遵循了外部性、信息复杂性和激励相容三原则。如具有跨境外部性和高度收入分配效应的事务，通常由中央或联邦政府提供。地方公共产品的提供，通常利用地方政府了解居民偏好的信息优势，放权给地方政府。需要处理复杂信息并具有外部性的公共产品，由中央（联邦）和地方共同提供，最终形成激励相容的机制安排。从国家治理体系相对完备的国家来看，联邦或中央事权都包括国防、外交、货币、海关、邮政、司法、度量衡、国家安全等关系国家完整、统一的整体利益事务。地方尤其是基层地方政府一般都在义务教育、消防、文化教育体育设施建设与维护、治安等事务中充当主角。在养老、医疗、失业、社会救助等社会保障领域，不存在统一模式，各国差异较大。

（三）主要经验

各国政府间事权划分主要有以下两方面特点：一是明确政府和公民的职责边界是事权划分的前提。事权划分是国家公共权力的纵向配置，明确政府与公民以及市场的界限是事权划分的前提。从公民与公共权力划分来看，公民在享有自由和行使权利时，不得损害国家、社会、集体利益和其他公民的合法权利。同时，公民的自由和权利也构成了对国家公权力的制约。从公共权力与市场作用边界来看，确定政府职能界限是使市场在资源配置中起决定性作用和更好发挥政府作用、促进市场经济持续健康发展的关键。理论和实践都证明，市场配置资源是最有效率的形式。在现代市场经济条件下，市场是"看不见的手"，在资源配置中发挥决定性作用；政府是"看得见的手"，主要弥补市场失灵。自发运行的市场经济在达不到社会资源有效配置的情况下，政府必须运用一定的手段来规范市场，对市场参与者加以制约和引导，推动资源配置向帕累托最优状态调整。政府最基本的职能之一就是制定和实施有效率的产权保护制度，为社会经济的有效运行和公平竞争确立一套合适的规则，使市场机制的有效运行成为可能。

二是政府间事权划分遵循三项原则。在多层级政府条件下，必须合理划分各级政府职能，尽力避免局部利益和整体利益冲突，既让不同层级的政府各司其职，高效提供相应的公共产品和服务，又有效避免相互之间恶性竞争和扯皮推诿。改革的方向是遵循现代国家的通行做法，依据三项原则合理划分各级政府事权：

外部性原则。外部性是经济主体的经济活动对他人和社会造成了影响，而该经济主体却并不为此承担责任。政府提供公共服务会产生外部性，在决定政府职责划分的过程中，要看公共服务的外部性由哪一级政府来承担。假如一项活动只是一个地方得益，或者一个地方受损，这件事情就应该交给这个地方来管理。

一项活动如果不仅是一个地方受益或受损，还涉及其他地方，就更适于由更高级别的政府管理。

信息处理的复杂性。在信息处理上，不同级别政府具有不同的比较优势。信息处理越复杂、越可能造成信息不对称的事项，越应让地方政府管理。因为地方政府熟悉基层情况，能掌握更为真实、准确的信息。如社会保险中养老保险信息相对简单，只需要知道人们的年龄、生死、就业状况即可，但医疗保险还需知道患者身体情况、使用药品、就医医院等。所以相比之下，中央政府有条件全面管理养老保险，而医疗保险可能需要中央和地方政府共同管理。

激励相容。如果在某种体制下，所有的参与人即使按照自己的利益运作，也能实现整体利益最大化，这种体制就是激励相容的。从政府角度而言，如果在某种制度安排下，各级政府都按划定的职能尽力做好自己的事情，就可以使全局利益最大化，那么这种制度安排就是激励相容的。在激励相容的制度安排下，各级政府各自按照划定的职能尽力做好本职工作，客观上就可以实现全社会的利益最大化。如果政府间职能划分不当，就可能会造成经济社会运行的低效率。

（四）影响政府间事权划分的其他因素

1. 大国与小国的差异。从理论上讲，如果有可能，将政府职能全部划归中央政府最为简便，可以避免层级之间的利益冲突。如果国土面积不大、人口数量不多、国家较小，地方政府可能没有存在的必要，如新加坡、安道尔等国就是这样。在地理和人口大国中，由于政府履行事权所需处理信息的复杂性、不对称性，单一层级的政府无法对国家进行有效管理。相比较而言，地方政府接近当地居民，更了解其愿望和需求，由地方政府来管理辖区内部分事务，并承担相应支出责任的效率更高。因此，多层级政府结构是大国有效管理的必要条件，地方政府的职能会多一些，政府间合作事项也多一些。

2. 路径依赖。各国政府间财政关系的形成都有特定的历史原因。我国受计划经济的影响很大，一定程度上还受传统文化的影响，对财政体制改革和制度完善形成制约。例如，改革开放以来，尽管我国经济改革从整体上一直以市场为导向，但"社会主义市场经济"的改革目标并不是在改革起步时就确立的，而是在改革实践过程中逐步明确的：从改革开放之初提出的"以计划调节为主，同时充分重视市场调节的辅助作用"到党的十二大提出的"计划经济为主，市场调节为辅"，再到党的十二届三中全会提出"有计划商品经济"，邓小平同志指出"计划和市场不是判断社会主义、资本主义的标志"，市场才获得应有的地位。直至党的十四大提出"我们要建立的社会主义市场经济体制，就是要使市场在社会主义国家宏观调控下对资源配置起基础性作用"时，才最终确立社会主义市场经济的改革目标。八届人大一次会议通过的宪法修正案，规定"国家实行社会主义市场经济"，为更深层次的经济体制改革提供了法律基础，目标逐步明确，我国的经济体制因此而逐步转型。相应地，从我国财政体制改革进程看，无论是财政包干制取代统收统支体制，还是分税制代替包干制，都是在保证既得利益的前提下，共同分享改革所产生的增量收益。因此，1994 年分税制改革，在许多方面仍然带有旧体制的印记，存在"路径依赖"问题，最突出的就是中央与地方之间没有充分按照市场经济的一般原则划分事权。

## 三、收入划分的一般经验

发达国家的各级政府，通常都拥有由主体税种和辅助税种组成的、相对独立完善的税收体系，从而为各自完成支出责任提供基本的、稳定的财力。

按照税收收入的内在属性，成熟市场经济国家一般将税基流动性较强、地区间分布不均衡、年度间波动较大，以及税负易转嫁、涉及收入分配的税种收入划归中央政府，如增值税、所得税等。而将税基较为地域化、信息能由地方政府较好掌握的税种收入划归地方（见表6-1）。

表 6-1　典型市场经济国家政府间收入划分

| 中央（联邦）政府 | 州（省）政府 | 地方（省）政府 |
|---|---|---|
| 增值税 | 工薪税 | 财产税 |
| 个人所得税 | 销售税 | 车辆税 |
| 公司所得税 | 消费税 | 使用费 |
| 消费税 | 财产税 | 规费 |
| 自然资源税 | 车辆税 | |
| 关税 | 全国性税收的附加税 | |
| 出口税 | | |

资料来源：Roy Kelly, "Intergovernmental Revenue Allocation Theory and Practice: Application to Nepal", *Asian Journal of Public Administration*, Vol 21, No 1, 1999.

（一）按照税种属性和宏观调控需要配置各级政府收入

1. 具有再分配性质的税种划归中央所有。地区间有差别的个人所得税累进税率，会同时引起低收入和高收入家庭在地区间流动，形成居住地选择上的扭曲。这种因无效率迁徙形成的地区间贫富差异，不仅不利于和谐统一，而且还会制约中央政府行使再分配职能。

2. 税基流动性较强的税收应由中央政府征收。如由地方政府征收此类税种，地区之间的税收差异会使流动税基从高税区流向低税区，导致两个结果，或者是各地税收竞争使大量税收流失，或者是压低了所有地区的税收水平，最终造成地方公共产品提供水平下降，制约财政职能的有效发挥。因此，从实现地区间均衡发展和确保财政能力的角度出发，应由中央政府征收流动性税基的税收。

3. 地区间税基分布不平衡的税种作为中央税。资源税和企业所得税等税种，由于和各地资源禀赋以及社会经济发展水平高度相关，如划归地方收入，势必造成各地财政收入的较大差异和苦乐不均。因此，这些税种适合由中央政府统一征收，以缩小地区差距。

4. 收入变化具有周期性或波动性较强的税收应由中央政府征收。一方面，从中央政府的经济稳定职能出发，中央政府在经济繁荣时期通过税收积累资金，有能力保障在经济萧条时通过扩大公共开支刺激经济回升。另一方面，所得税等税种不仅波动性较强，且规模较大，如果划归地方，在特定情况下可能影响地方预算的稳定性。

5. 税负易转嫁的税收也应由中央政府征收。在市场经济条件下，国内市场相互开放，生产者、消费者、要素供给者往往并不限于同一地区，生产者很容易把地方政府对其征收的税负转嫁到其他地区，形成税负输出，不仅带来效率损失，也违背税收公平的基本目标。因此，为防止此类税负转嫁，应该由中央政府负责征收相关税种。

6. 地方政府的征税对象集中于上述之外的其他税种，以及某些适合地方征管的税种，如财产税、车辆税、销售税，具有再分配功能和流动性，地方政府可以与中央政府共享，采取比例分享、税基分享或附加征收等不同形式。

（二）中央或联邦政府享有初次分配的优势地位

从成熟市场经济国家的实践看，在不违背税种属性的前提下，通常将主体税种、大宗税种划为中央收入。这不仅是中央政府提供国防、外交等公共产品，履行再分配和经济稳定职能的需要，也是强化中央权威地位、均衡地区间财政差异、消除地区间公共产品外溢等一系列问题的必然要求。但由于政体不同，各国集中程度也不尽一致。日本、英国等单一制国家通常将增值税、个人所得税、公司所得税等大宗税种作为中央收入，中央收入比重相对较高；德国、美国等联邦制国家一般将所得税纳入联邦与州等地方政府的共享范围，财力集中水平略低于单一制国家。

（三）主体税种划分体现中央权威并突出国情特色

以企业所得税为例，由于它的税基流动性较强、地区间分布不均衡、年度间波动性较大，出于促进公平和提升效率的考虑，成熟市场经济国家一般将其作为中央或联邦政府专享收入，即使规定地方政府参与分享，分享比例也相对较低。2005 年，OECD 国家企业所得税收入的政府级次分布大致可划分为以下四类：第一类包括澳大利亚、英国等五个国家，企业所得税收入完全由中央独享；第二类包括美国、法国等十个国家，企业所得税虽然由中央和地方共享，但地方合计分享比例不超过 15%；第三类包括日本、加拿大等四个国家，地方所得税分享比例较高，约占总额的 30%—40%；第四类包括德国、瑞士等国家，地方分享比例超过联邦政府。总体来看，2005 年 OECD 国家中央政府在企业所得税收入中的平均分享比重达到 84%，主体地位十分明显。

有些国家以增值税作为主体税种。作为主要的流转税，增值税不仅具有重要的收入筹集功能，也是宏观调控的重要工具之一。从目前已开征增值税的国家看，澳大利亚和瑞士等将增值税全额作为中央固定收入，德国、西班牙、奥地利等国虽然允许地方政府参与分享，但分享比例较低，并且明确规定税率和税基调整权归于中央或联邦政府。

## 四、地方税体系建设的国际经验

从主要发达市场经济国家看，无论是联邦制还是单一制国家，地方税体系都是在合理划分各级政府事权的基础上逐步形成和完善的，大致有以下规律：

1. 合理设置地方税种。各国地方税种大体有所得税类、流转税类、财产税类和其他税类。主要遵循收入充分、稳定、弹性，税源地域性，税基非流动性，受益和便于征管等原则。大部分国家将所得税、流转税设置为州或省级政府主体税种，将财产税设置为基层地方政府的主体税种。以美国为例，州政府所得税和流转税收入占本级税收收入的比重达 50% 左右，基层政府财产税占本级税收收入的 70% 以上。在流转税和所得税收入分享方式上，不同国家有所区别，部分国家采用分率共享，如德国的所得税由中央、州和基层政府按比例分享，增值税由中央和州政府按比例分享；部分国家采用分税种共享，如美国州和基层政府都分别征收销售税，中央、州和基层政府都分别征收所得税。

2. 合理规范地方财力构成。大部分发达国家逐步形成了以地方税收收入和上级政府一般性转移支付收入为主，地方债务收入和行政性收费为辅的地方财力体系，并建立了规范、完整的地方债务和行政收费制度和管理办法，保障地方基本公共服务均等化，防范财政风险，维护本国宏观经济稳定。

3. 合理划分地方税权。各国的税权划分大体有三种模式：一是中央集权型。中央政府集中全部或主要税种的立法权，地方只拥有受限制的税率调整权，以及税收减免权。实行这一模式的主要有英国、法国等。二是地方分权型。中央和地方政府都拥有各自独立的税收立法权，中央一般不干涉地方制定税法和执行税收制度，但地方政府的税权受到上位法律的监督和制约。实行这一模式的主要是美国。三是适度分权型。以日本为代表，中央集中主要税权，确定地方税法的原则大纲，地方规定具体征收规程。同时，地方还享有开征法定外普通税、确定税率等权限。

# 第二节　推进建立事权和支出
责任相适应的制度

建立事权和支出责任相适应的制度，涉及国家治理体系和治理能力建设。要在转变政府职能，合理界定政府与市场边界的基础上，合理划分中央地方事权和支出责任，同时结合税制改革，进一步理顺中央和地方收入划分。

## 一、清晰合理地划分中央和地方事权

### （一）合理划分事权是深化财税体制改革的重要前提

事权划分是深化财政体制改革的逻辑起点。只有在明晰政府间事权划分的基础上，才能界定各级政府间支出责任，这是形成科学合理的行政秩序、社会秩序和市场秩序，提高国家治理能力与效率的基本前提，也是减少寻租、遏制腐败的重要条件，还是实现财力与事权合理匹配的根本依据。因此，明确事权作为现代财政制度有效运转的基础，既是建立现代国家治理体系的关键点，也是深化财政体制改革的突破口。

### （二）事权划分的模式选择

从模式比较上看，单一制与联邦制政府间事权划分都遵循外部性、信息复杂性和激励相容三原则。党的十八届三中全会对划分事权已经提出明确要求，把国防、外交、国家安全、关系全国统一市场规则和管理等作为中央事权；把部分社会保障、跨区域重大项目建设维护等作为中央和地方共同事权，逐步理顺事权关系；中央可通过安排转移支付将部分事权支出责任委托地方承担。对于我国这样一个人口众多、幅员广阔、地区差异较大的国家，简单地借鉴国际上单一制国家事权划分经验，不仅管理难度较大，治理成本较高，而且容易导致"一统就死、一放就乱"的循环。因此，应统筹研究、逐步到位，在借鉴学习国际经验的基础上，探索出一条符合我国体制基础、国情要素的道路。

（三）事权划分的基本思路

从国际趋势看，单一制国家和联邦制国家的事权划分有趋同性，单一制国家趋向放权，联邦制国家则在不断加强中央控制能力。我国是单一制国家，保持中央对地方控制能力是第一位的，但同时也要适应政府间事权划分的国际趋势，进一步把握好分权改革，努力提高效率。

在转变政府职能、合理界定政府与市场边界的基础上，充分考虑公共事项的受益范围、信息的复杂性和不对称性，以及地方的自主性、积极性，合理划分中央与地方事权和支出责任。

1. 通过法律方式明确划分各级政府间事权。各国政府间事权和支出范围的划分调整，都是在比较完备的宪法和法律体系中运作的。特别是在法治建设比较发达的国家，都以宪法、财政基本法或专门的财政收支划分法为依据，规范政府间事权和支出责任。

在经济改革和政府职能转变中，我国政府间事权配置方面的立法明显滞后，各级政府事权划分既无相对清晰的框架，也缺乏法律保障，影响了政府职能的有效履行。事权和支出责任划分，首先需要强化立法管理，健全法律保障。从立法层次看，应当考虑在《宪法》框架内大体设定政府间事权，通过专门法律，如《教育法》《卫生法》等明确具体的细化的事权。

2. 合理界定政府与市场的边界，为进一步完善政府间财政关系奠定基础。总体来看，我国经济和社会发展不平衡，经济发展比较快，公共产品的提供还比较滞后。必须要分清市场和政府的作用边界，发挥市场在资源配置中的决定性作用，改变当前政府职能"越位"和"缺位"并存的现象。一是让市场发挥资源配置的决定性作用。政府主要保证市场自由进入、契约自由、司法公正，保护消费者权益和环境，让市场充分发挥资源配置决定性作用。同时通过大力推广政府购买服务，缓解公共产品的供需矛盾。二是增强政策的科学性和缜密性。用市场化手段引导和调节市场，对市场主体的预期和政策的落实效果进行充分预判，降低政策制定风险。三是改善收入分配结构。通过政府改革促进初次分配中的过程公平，用完善税收制度、优化支出结构，增加用于民生领域的投入等方式，强化政府再分配功能。

3. 明确政府间职责分工，强化中央政府事权和支出责任。事权和支出责任划分改革，需要与行政体制改革相配合。通过法律把中央与地方政府的责权划分清楚后，也要积极赋予地方政府自主权。按照外部性、信息复杂性和激励相容三原则，当前我国政府间事权划分的重点是：

一是适度加强中央事权。将国防、外交、国家安全等关系全国政令统一、维护市场统一、促进区域协调、确保国家各领域安全的重大事务集中到中央，减少委托事务，以加强国家的统一管理，提高全国的公共服务能力和水平。海防、边境安全、界河管理等关系国家安全的支出责任应全部由中央政府承担，但目前地方政府仍然承担了一部分支出责任，这不符合财政分权原则。海防、边境安全、界河管理是典型的全国性公共产品，涉及国家主权和利益，应该由中央统一协调和监管，并承担相应支出责任。

中央政府集中一部分关系社会和谐稳定、公平正义，涉及全国市场统一标准的管理职能。将一部分司法支出责任上移，对于跨地区纠纷、高级官员渎职等犯罪行为应该由更高级法院审理，同时建立独立的检察、侦查体系，这有利于促进司法公正。同样，如全国销售的食品、药品等安全监管责任，应由中央政府承担并提供相应的财力保障。

一些跨区域重大项目的建设和维护职能也应集中到中央。如跨区域交通建设具有较强的外部性，相关地方也是这些项目的受益者，因此应由中央政府建设，地方与中央政府共同维护。海域、流域管理、航运、水利调度、大江大河治理、全国流域国土整治、全国性生态和环保重点项目建设等项目，也应由中央政府统一管理，把其中的外部性内部化。但对于地方性交通基础设施建设等项目，责任应主要由地方承担。

中央政府要集中一部分公共卫生和社会保障职能。公共卫生支出责任需要在中央和地方之间进行合理划分，对于传染病防治及免疫业务等，其影响范围往往是地方政府不能控制的，因此这些支出责任应该由中央承担。对于普通的公共卫生支出，其管理信息处理较为复杂，影响范围比较有限，因此由地方政府负担较为适宜。考虑到我国医疗资源分布不均衡，中央政府应该在转移支付上对落后地区给予相应支持，促进区域间、城乡间基本公共卫生服务均等化。因此，中央政府要集中一部分社会保障责任。

中央政府集中一部分教育职能。义务教育支出应该由地方政府管理，中央对部分财力困难地区进行均衡性转移支付。高等教育和科研支出服务范围较广、跨地域外部性较大，其支出主要责任应该在中央和省两级。中央政府集中一部分事权后，相关的机构人员和支出责任均由中央负责。

二是明确中央与地方共同事权。将具有地域管理信息优势但对其他区域影响较大的公共产品和服务，如社会保障、跨区域重大项目建设维护等，作为中央与地方共同事权，由中央和地方共同承担。

三是明确区域性公共服务为地方事权。将地域信息性强、外部性弱并主要与当地居民有关的事务留给地方，调动和发挥地方政府的积极性，更好地满足区域公共需要。

四是调整中央和地方支出责任。在明晰事权的基础上，进一步明确中央承担中央事权的支出责任，地方承担地方事权的支出责任，中央和地方按规定分担共同事权的支出责任。同时中央可通过安排转移支付将部分事权和支出责任委托地方承担。

## 二、进一步理顺中央和地方收入划分

按照党的十八届三中全会"保持现有中央和地方财力格局总体稳定，结合税制改革，考虑税种属性，进一步理顺中央和地方收入划分"的总体要求，综合考虑我国地方政府承担事权和支出责任的实际情况，保证既有利于中央履行职能和实施重大决策，又有利于培育地方主体税种、调动地方积极性。

健全的税制框架是进行政府间税收划分调整的基础。同时，按照全口径政府预算管理的要求，逐步将土地资源类收入以及石油、通信、电视频道等特许经营权收入纳入中央与地方收入划分范围。在此基础上，重点根据税种属性、事权和支出责任划分状况、地区间财力差异程度等因素，遵循公平、便利和效率等原则，合理划分税种，将收入周期性波动较大、具有较强再分配作用、税基分布不均衡、税基流动性较大、易转嫁的税种划为中央税，或中央分成比例多一些；将其余具有明显受益性、区域性特征、对宏观经济运行不产生直接重大影响的税种划为地方税，或地方分成比例多一些。

具体来说，增值税全部改为中央收入或提高中央分享比例，进一步完善出口退税负担机制。为减少对地方收入的影响，可考虑在不改变中央与地方分配格局的情况下，将地方分享的增值税收入根据客观因素在地区间重新分配。所得税分配应更进一步向中央倾斜。资源税原则上应逐步转为中央收入。考虑到资源主要分布在中西部贫困地区，为支持这些地区发展，资源税可继续留给地方，但最好留在省本级，避免出现资源分布不均衡带来财政分配不均衡，引发新的矛盾。与收入划分相配套，应进一步完善现行征管体制。在继续保持国税与地税两套征管体系的情况下，按照收入归属划分税收征管权限。属于中央收入、中央与地方共享收入的，应当由国税局统一征收；属于地方的收入（不含共享收入）由地税局征收。按此原则，当务之急是将国税局代征的部分地方收入改由地税局征收，将已纳入中央与地方分享范围的企业所得税全部改由国税局征收，个人所得税也应由国税局征收，地方可依同一税基按固定比例征收地方个人所得税。

## 三、完善地方税体系

完善地方税体系，应注重协调几方面的重要关系：一是与整体税制体系相协调。地方税是整个税收体系的重要组成部分，构建完善的地方税体系，必须统筹考虑与整体税制的关系，既要符合税制改革的总体方向，又要做好与相关税种的衔接，并合理设计各税种的负担水平。二是与财政体制相协调。构建完善的地方税体系是建立财力与事权相匹配的财政体制的重要内容，应结合财政体制改革方向，厘清中央与地方收入分配关系。既保证中央财政收入合理稳固，增强宏观调控能力，又充分激励地方政府组织财政收入、促进经济社会发展的积极性，建立地方财政收入长期稳定增长机制。三是与税收征管水平相协调。税收征管是完善地方税体系的重要基础，改革地方税制度，既要充分考虑现有税收征管能力与条件，又要积极创造条件逐步提高征管水平，使税制改革和提高征管能力协调推进。四是与收费基金改革相协调。完善地方税体系，应处理好税收与收费基金的关系，正税清费，将体现政府职能、收入数额较大、来源相对稳定、具有税收特征的收费基金，用相应税收取代，进一步强化税收筹集财政收入的主渠道作用。五是与经济发展方式转变相协调。经济决定税收，税收反作用于经济，完善地方税体系，应逐步提高房地产税等直接税的比重，优化直接税与间接税结构，减轻地方对上项目和粗放型发展方式的依赖，促进经济结构调整。六是与收入分配制度改革相协调。税收作为宏观调控的重要工具，对于优化国民收入分配具有积极作用。完善地方税体系，应正确处理政府、企业和个人的收入分配关系，建立健全调节存量财富、居民收入的机制，充分发挥缩小收入分配差距的作用。

完善地方税体系是系统工程，应总体设计、分步实施，通过改革、整合、取消部分税种及新开征税种，积极稳妥推进。加快房地产税立法并适时推进改革，加快资源税改革，建立环境保护税制度，探索逐步建立综合与分类相结合的个人所得税制，完善消费税制度。

## 四、完善中央对地方转移支付制度

### （一）结合事权和支出责任划分，优化转移支付结构

在合理划分中央和地方事权支出责任的基础上，逐步推进转移支付改革，形成一般性转移支付和专项转移支付相结合的转移支付制度。属于中央事权的，主要由中央本级承担支出责任，少

量的通过专项转移支付委托地方承担支出责任。随着中央事权和支出责任适当上移，相应减少委托事务，提高中央直接履行事权安排支出的比重，减少专项转移支付。属于中央地方共同事权的，由中央和地方共同分担支出责任，中央分担部分可以通过专项转移支付委托地方承担。属于地方事权的，由地方承担支出责任，中央主要通过一般性转移支付给予支持，少量引导类、救济类、应急类事务，中央通过专项转移支付予以支持，推动实现特定政策目标。

（二）完善一般性转移支付制度

一是清理整合一般性转移支付项目。逐步将一般性转移支付中属于中央委托事权或中央地方共同事权的项目，转列专项转移支付。属于地方事权的项目归并到均衡性转移支付，建立以均衡性转移支付为主体、以老少边穷地区转移支付为补充，包括少量体制结算补助的一般性转移支付体系。

二是建立一般性转移支付稳定增长机制。改变均衡性转移支付与所得税增量挂钩的方式，确保均衡性转移支付增幅高于转移支付总体增幅，大幅度增加对革命老区、民族地区、边疆地区、贫困地区的转移支付。中央出台增支政策形成的地方财力缺口，原则上通过一般性转移支付调节。

三是加强一般性转移支付管理。科学设置均衡性转移支付测算因素、权重，充分考虑老少边穷地区底子薄、支出成本高的特殊情况，真实反映各地的支出成本差异，建立财政转移支付同农业转移人口市民化挂钩机制，促进基本公共服务均等化。规范老少边穷转移支付分配，促进区域协调发展。同时，建立激励相容机制，通过适当奖励等方式，引导地方将一般性转移支付资金投入到民生等中央宏观调控确定的重点领域。

（三）从严控制专项转移支付项目

一是清理整合专项转移支付项目。充分考虑公共服务提供的有效性、受益范围的外部性、信息获取的及时性和便利性，以及地方自主性、积极性等因素。取消政策到期、政策调整、绩效低下等已无必要继续实施的专项转移支付项目。属于中央委托事权的项目，可由中央本级组织实施的，原则上调整列入中央本级支出。属于地方事务的项目，划入一般性转移支付。保留中央地方共同事权项目，以及少量的中央委托项目及引导类、救济类、应急类项目，建立健全定期评估和退出机制，对其中目标接近、资金投入方向相同、资金管理方式相近的项目予以整合，设定每个方向或领域的专项转移支付项目个数上限。二是逐步改变以收定支专项管理办法。结合税费改革和法规修订，逐步取消车辆购置税、排污费、探矿权和采矿权价款、矿产资源补偿费等专款专用的挂钩办法，相应改变以收定支专项管理办法。三是严格控制新设专项。确因经济社会发展需要新设立的专项，应有明确的政策依据、政策目标、资金用途、主管部门和分工职责，由财政部审核后报国务院审批。四是实行一个项目一个资金管理办法。既做到每一个专项转移支付都有资金管理办法，又不能一个专项多个管理办法，变相增设专项。管理办法要明确规定部门职责分工、资金补助对象、资金使用范围、资金分配办法等内容。补助对象按照政策目标设定，并按补助政府机构、事业单位、个人、企业等进行分类，便于监督检查和绩效评价。

（四）规范专项转移支付分配和使用

一是规范资金分配。严格资金分配主体，社会团体、行业协会、企事业单位等非行政机关不得负责资金分配。专项转移支付可以采取项目法或因素法进行分配，对用于国家重大工程、跨地区跨流域的投资项目以及外部性强的重点项目，主要采取项目法分配，实施项目库管理、明确项目申报条件、规范项目申报流程、发挥专业组织和专家的作用、完善监督制衡机制。对具有地域管理信息优势的项目，主要采取因素法分配，选取客观因素，确定合理权重，按照科学规范的分配公式切块下达到省级，并指导地方制定资金管理办法和实施细则，按规定层层分解下达到补助对象，既调动地方积极性，又保证项目顺利实施。对关系群众切身利益的专项，可改变行政性分配方式，逐步推行社会组织评价、老百姓参与，各方共同的分配机制。二是取消地方资金配套。中央委托事权专项要足额安排资金，原则上不得要求地方配套。中央地方共同事权专项要明确分担标准或比例，根据各地财政困难程度，同一专项对不同地区可采取有区别的分担比例，但不同专项对同一地区的分担比例应尽量统一规范。三是严格资金使用。除中央委托事项外，专项转移支付一律不得用于增加人员经费和机构运转经费。同时加强对专项资金分配使用的全过程监控，建立健全信息反馈机制，重点解决资金管理"最后一公里"问题。

（五）逐步取消竞争性领域专项转移支付

一是取消部分竞争性领域专项转移支付。凡属"小、散、乱"、效用不明显以及用于纯竞争性领域的专项转移支付应坚决取消，对因价格改革、行政管制等而配套出台的竞争性领域专项转移支付，应明确执行期限，并在后期实行退出政策，到期取消。

二是研究用税收优惠政策替代部分竞争性领域专项转移支付。加强竞争性领域专项转移支付与税收优惠政策的协调，可以通过税收优惠政策取得类似政策效果的，应尽量采用税收优惠政策，相应取消竞争性领域专项转移支付。

三是探索实行基金管理模式。对保留的具有一定外部性的竞争性领域专项转移支付，应控制资金规模、突出保障重点，逐步改变行政性分配方式，实行市场化运作模式。主要采取基金管理的模式，逐步与金融资本相结合，撬动社会资本，发挥"四两拨千斤"的作用。基金可以采取中央直接设立的方式，也可以采取安排专项转移支付支持地方设立的方式。可以新设基金，也可以扶持已有的对市场有重大影响的基金，根据战略目标的不同，基金主要采取创业投资引导基金和产业基金两种模式。创业投资引导基金着力满足高风险、高收益中小科技企业融资需求，并通过合理的制度安排鼓励投资前移，重点投资于种子期、初创期企业；产业基金着力支持国家推行产业政策，撬动社会资金进入重点产业，有效满足资本密集型产业资金需求，并主要投资于创业后期，支持相对成熟的企业扩大规模。少数不适合实行基金管理模式的，也应避免采取事前补助、直接补助的方式，主要采取贴息、先建后补、以奖代补等事后补助方式，或者担保补贴等间接补助方式。

（六）强化转移支付预算管理

一是提前预算下达时间。加强与地方预算管理的衔接，中央应做好转移支付提前下达工作，地方也要做好转移支付提前下达工作，并及时列入年度预算。二是推进信息公开。主动向社会公开一般性转移支付和专项转移支付的具体项目、管理办法，逐步向社会公开分配结果。三是做好绩效评价。科学设置绩效评价机制，合理确定绩效目标，有效开展绩效评价，提高评价结果的可信度，并将绩效评价结果同预算安排有机结合。四是将一般性转移支付纳入重点支出统计范围。大幅度增加一般性转移支付后，中央财政对相关重点领域的直接投入将会减少。考虑到中央对地方税收返还和转移支付最终形成地方财政支出，为满足统计需要，可将其按地方财政支出情况，分解为对相关重点领域的投入。

（七）严格控制中央基建投资专项

在保持中央基建投资规模相对稳定的基础上，划清中央基建投资专项和其他财政专项转移支付的边界，着力优化中央基建投资专项支出结构。一是逐步退出竞争性领域投入。二是逐步取消对地方基本公共服务领域的小、散投资补助，改由财政专项资金或均衡性转移支付安排。三是逐步加大属于中央事权的项目投资，主要用于国家重大工程，跨地区、跨流域的投资项目，以及外部性强的重点项目。一些政府性基金安排的重大工程，转由中央基建投资安排，相应取消或减少政府性基金收入。

# 后　记

　　《深化财税体制改革》是财政部为宣传《深化财税体制改革总体方案》所确定的重点工作之一。财政部党组高度重视本书的编写工作，党组书记、部长楼继伟同志担任本书主编，从选题计划、提纲设计、书稿撰写到付梓出版，都进行了具体指导，并审定书稿。党组副书记、副部长张少春同志对本书提出了重要意见，党组成员、副部长王保安同志承担了本书的总纂工作。

　　本书是集体创作的成果。综合司、税政司、预算司、国库司、社保司、条法司、资产管理司分工编写初稿，综合司统稿并组织对书稿进行反复修改和完善。参与本书编写工作的同志主要有：王光坤、欧文汉、王建凡、夏先德、娄洪、林桂凤、许大华、陆庆平、胡忠勇、邱江涛、靳俐、王宇龙、吴京芳、欧阳文宇、李大伟、胡鹏、王进杰、邹素萍。还有一些同志也为本书编写付出了辛勤劳动，人民出版社为本书出版做了大量工作，在此一并致谢！

　　本书在编辑出版过程中难免存在疏漏之处，敬请读者批评指正。

编　者

2014 年 12 月